「小学校教師としての生き方」

池畠 彰之・著
（いけはた・あきゆき）

新評論

まえがき

どのような仕事に就いても、最初の三年間くらいは「見習い」という期間があるものです。お寿司屋さんの世界では「しゃり（ご飯）炊き三年」という言葉があり、「しゃり」をお客さんの前に出せるように炊けるまでに「三年もかかる」と言われています。

板前さんなどの料理人の世界では、厨房に入ったばかりのときには「皿洗い」などからはじまります。料理をつくるどころか、包丁などはまず持たせてもらえません。また、大工さんの世界を知ろうと、先日『金剛の塔』（木下昌輝、徳間書店、二〇一九年）という本を読んだのですが、宮大工の世界における新人の様子が次のように書かれていました。少し長くなりますが、その部分を引用します。

「あの、棟梁、おれ、ちゃんと盗めましたか。健太郎さん［先輩職人］のやり方をみて、自分なりにやってみたんです」

「知っとる。掃除もそこそこにな」

「すいません」

「かめへん。綺麗にさせるためだけに、掃除まかせたんやない。箒とチリトリもってたら、職人は余程露骨に盗み見せんかぎり、怒らへん」

（中略）

「安心したわ。あかんのは、掃除に夢中になる奴や。そういう奴は、この仕事に向いてない。どんなに真面目に掃除しても、好きなもんが横にあれば自然と目がいくはずやからな」

（中略）

悠［主人公］は顔を上げた。愛でるように、崇［棟梁］は鑿《のみ》［ルビ筆者］の表面を見ている。

「盗むっていうのは、お前がいったように技術を見て盗むっていう意味もある、けど、もっと大切な意味がある。それは継ぐってことや」

「継ぐ？」

「そう、伝統を継ぐってことや。お前が鑿を研ぐ技を次の世代の職人に伝えられたとき、初めておれや健太郎の技を盗めたっていえる。おれら堂宮の職人は、建てるだけじゃあかん。技術を伝えて、メンテナンスをずっとして、災害や戦争で潰れたとき、また建て直せるようにする。その技術を次の世代に伝える。そうやって何千年ものこるものを造るのが、ほんまの仕事や」（前掲書、二九～三一ページ）

ここだけ読まれても、宮大工の世界における「凄さ」が伝わってくるでしょう。さまざまな世界における職人の見習い期間、職人としてのコツを覚える期間を本書では「皿洗い」と表現していきますが、さまざまな本やメディアの報道などで、かなり多くの職業分野における「皿洗い期間」が見えるようになりました。また、この期間を覚悟したうえで、日本においてさまざまな仕事に就くという外国人が増えているという話も耳にします。

しかし、このような空間がなかなか見えない世界があります。それが、教育界における教師の「皿洗い期間」です。

昨今、教員のブラック勤務、超過勤務などが報道されています。教育界は、他社と取り引きがあるわけではありません。学校内でどのようなことが行われているのか、日々どのような業務に追われているのか、分かっているようで学校外にはなかなか伝わらないというのが現状です。

そんな空間に、大学を卒業してすぐに入ってくるという人がいます。希望に胸を膨らませて校門をくぐり、子どもたちとの生活を心待ちにしている人も多いでしょう。しかし、とくに小学校の場合は、着任早々クラス担任を任されるという現実が待っています。プレッシャーは計り知れません。数か月、数年すると精神が病んでしまって、長く休暇をとる人や退職してしまうという人が多いのも事実です。いったい、どうしてなのでしょうか？

私も、教師という仕事をさせていただいています。かれこれ二〇年になりますが、現在においても学ぶことだらけです。それゆえ、私より熟練の人に助けてもらうだけでなく、若い人からもたくさん学んでいます。

私自身、非常に多くの失敗をしてきました。まさに、教師の「皿洗い期間」を体験してきたわけです。一例を挙げると、子どもがまったく話を聞いてくれなかったときはかなり落ち込みました。

当時は二〇代、初めて六年生の担任をしたときのことです。勉強のできない子どもに、ついイラッとしてしまったり、理解ができないのは家で宿題や予習をきちんとしないからだと、すべて子どものせいにしていました。

そんな私の指導はというと、話を聞かない子どもには大きな声を出すという日々でした。さらに、机を強く叩いて、無理やり教師のほうを向かせようとしていました。今から考えると、まったくもって無意味なことばかりです。そんなことをする人の話を誰が聞きたいと思いますか。あなたは聞きたいですか？　今の私だったら、ひと言「嫌！」です。

子どもの気持ちが自分から離れはじめたこともあって、一番辛かった時期ともなります。「話を聞かない子どもたちが悪い」と思って、「空回りばかり」という日々でした。このような日々が続くと、給食ですら食べられなくなりました。卒業式が終わったあと、子どもたちが使っていた教室を、涙を流しながら掃除したという経験もあります。もちろん、ひとりで……。そのときに思ったのです。

「僕がなりたいと思っていた教師という仕事って、こんなもんなのか……」

これに対する答えは言うまでもないでしょう。

一方、常に笑顔で子どもたちと接している教員がいました。毎日、どのようなことをして子どもたちを驚かせようかとか、笑わせようかと考えている人がいたのです。そんな教員を目の当たりにして、なぜ自分はこんな教師になってしまったんだろうか……と、真剣に考えさせられました。

そして、二校目となる小学校に異動したとき、衝撃的な教員に出会ったのです。

この教員は、夕方の五時きっかりに退勤していました。しかし、提出しなければならない書類などはすべて出してからの退勤です。本人が言うには、「お迎えに間に合わないから」とか「いつまでも職場でダラダラしていたくない」ということでした。

初任校で心身ともにボロボロになっていた私の常識としては、「教員は九時までの勤務が当たり前。五時に帰るなんて、仕事をなんと心得ているんだ！」という感覚でした。遅くまで残って委員会に提出する書類を作成し、子どもたちのノートやテストに丸を付けたり、コメントを書いたりという日々。どのように頑張っても、五時に退勤できるわけがありません。

しかし、この教員は五時に退勤していたのです。

「この人は、私には分からない何かを知っている」と感じました。興味をもった私は、代休日やインフルエンザなどで学級閉鎖になったときなど、自分のクラスが休みのときにその教員のクラスまでノート片手に入り込んで、自分の目で確かめることにしました。そう、前述した宮大工のように、技術を「盗み」に行ったのです。

そうしたら、子どもが楽しそうに、また時にはむきになって暗唱したり、作文を書いたりしているのです。正直、「なんて楽しそうなんだ」と思いました。と同時に、本来「授業って楽しいものなんだ」と感じたわけです。これまで自分が行っていた「我慢をさせる授業」、家できちんと勉強してきた子どもにしか効果がないという授業について、反省すると同時に考え込んでしまいました。

ある中学生が、「中学校生活で何が身につきましたか？」というアンケートに対して、「耐える力」と答えたという話を、『有田和正の授業力アップ入門』（有田和正著、明治図書出版、二〇〇五年）という本で知りました。

「よく言った！」と思う反面、何とも言えない悲しさを覚えてしまいました。さまざまな教科をはじめとして、いろいろなことを教わってきたはずです。しかし、三年間という時間のなかでこの中学生が体得したのは、日々の「つまらない授業」に「耐える力」でしかなかったのです。

このような中学生に授業を行っていたのは私たち教師です。授業って、そんなものなのでしょうか？

先ほどの教員に話を戻しましょう。授業が楽しい、プロの指導って素晴らしいと、この教員から衝撃を受けた場面があるので紹介します。

その場面は、運動会における騎馬戦の指導です。ちなみに、みなさんは騎馬戦の指導にどのくらいの時間をかけていますか？　私は、三時間は必要だと思っていました。

「先生、本日騎馬戦の指導もなさいますか？　どのくらいの時間が必要ですか？」と尋ねる私に対して、返ってきた答えは「一五分あればいいです」でした。

最初は、何を言っているのだろうと疑心暗鬼でした。まず、集めた子どもたちを座らせて、砂いじりをしている子どもに注意をします。それだけで、一五分なんてすぐに経ってしまいます。しかし、「一五分で行う」と言うのです。以下がその指導風景です。

教師　（太鼓の前に立ち）私の周りに集まりなさい。ドン。（太鼓を叩く音）

（子どもたち、ザワザワと話しながら集まる。）

教師　遅い。全員負け。もう一度。私の周りに一〇秒で集まりなさい。ドン。

（今度は緊張して駆け足で集まる子どもたち。）

教師　七秒。やればできるじゃないか。次、赤組の大将騎立つ。ドン。

（大将騎の四人が話しながら立つ。）

教師　遅い。赤負け。白組、同じく大将騎立つ。ドン。

（赤組を見ているので、白組の大将騎がさっと立つ。）

教師　これが大将の立ち方だ。さすがに、これでは赤組は情けなかろう。赤組の大将騎、立つ。

（赤組の大将騎がすぐさま立つ。）

教師　両大将騎、崩して、そのまま後ろの線に立つ。ドン。

（両方の大将騎の四人が駆け足で指定された位置に移動。ここまで約七分。）

教師　副将騎立つ。大将の隣に移動。ドン。

（副将が同じく駆け足で大将の隣に移動。この光景を、ほかの騎馬の子どもたちと担任がじっと見ている。）

教師　全騎馬、同じように並ぶ。ドン。

こんな調子で、すべての騎馬をライン上に並べてしまったのです。並び終わって、全員が騎馬を組んだのは指導開始から一〇分後でした。この指導の凄さ、伝わるでしょうか。今までの私の経験や、多くの同僚の経験では、ライン上に騎馬を組むまでに早くても四〇分はかかっていました。しかも、この指導ではいっさい叱っていません。つまり、強制、強要はしていないのです。教師の指示、太鼓の「ドン」のあと、子どもたちが「我先に」と走って移動していたのです。分かりますよね、子どもたちは理解していたのです。

これを見た私は、「プロの指導とはこれか……」と、教師としてのプロ意識を初めて感じました。「私もこんな指導をいつかしたい。いや、絶対手に入れてみせる！」と誓った日でもあります。

本書では、教職の辛さ、しんどさを伝えるのではなく、「楽しさ」や「面白さ」を伝えたいと思っています。ただ、その前に、先にも述べたとおり、世間にはあまり見えていない教師の「皿洗い期間（下積み）」について、私の失敗も交じえつつ、面白おかしく語っていくことにします。

月曜日から金曜日、毎日どのようなことをしているのか。どのような気持ちで取り組んでいるのかをストーリーにして語っていきますが、一日のすべてを語ることは紙幅の関係上できませんので、本のなかの私とみなさんの経験を重ねるようにして読み進めてください。

そして、ベテランの教員には、「俺もそんなことあったな」とか「いや、もうちょっとうまくやっていたよ」と思いながら読んでいただき、教職に入ってまだ間もない教員や、これから教職を目指す人には、「そんなこともあるのか」とか「でも、俺ならこうするけどな……」など、ご自身の立場に重ねながら、多少批判をするような視点で読んでいただければ幸いです。

そして、今現在、辛い経験をされている人には、「そんな人がいるのか……俺も頑張ろう！」とか「この人よりは私のほうがましかもしれない」と思っていただけたらうれしいです。

それでは、休み明けとなる月曜日の授業をはじめていきましょう。それぞれの教室で、今日も楽しい空間をつくっていけるように頑張りましょう。

もくじ

第1章　月曜日――教師にとっても、子どもにとっても辛い日　3

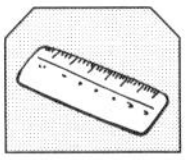

第2章

第3章 週の半ばです！ どんな日にしますか？ 71

第4章 木曜日――週の終わりに差し掛かり、子どもも気分上々 103

第5章

金曜日——子どもが大好きな体育をしよう　135

第6章

土曜日・日曜日・長期休暇
——どのようなことに時間を使っていますか?

教師の皿洗い——小学校教師としての生き方

第1章　月曜日

教師にとっても、子どもにとっても辛い日

月曜日には、校舎を重く感じてしまう子どももいます

日本全国、この日の朝には、「あ〜あ、今日は行きたくないな〜」という心の声が響き渡っているのではないでしょうか。とくに、週末に楽しいことを経験した人であればなおさらでしょう。おそらく、どのような仕事に就いている人も、どの段階の学校に通っている子どもも一緒だと思います。

そんな月曜日、あなたの学校では何からはじめていますか？　私が勤務している小学校の場合、朝八時半から「全校朝会」があります。体育館や校庭に全校児童が集合して、話を聞くというものです。

誰の話を聞くのかというと、ほとんど場合、校長先生となります。何かの用事で校長先生がいない場合は、教頭先生か生活主任の教員が話すことになります。それ以外にも、新しく赴任した教員が、自己紹介を兼ねて話すという場合があります。

たぶん想像されているでしょうが、どの話もあまり面白くないというのが実情です。そして、面白くない話を聞き終わると、ゾロゾロとみんな教室に戻っていきます。戻る最中には、「おしゃべりしない」とか「列を乱さないように」などと、どこからか叱る声が聞こえてくるものです。

子どもだけでなく、教師にとっても辛いスタートとなる月曜日の朝、もうちょっとに こやかにはじめられないものかといつも思っています。

全校朝会から教室に戻ると、前の週に課していた提出物で教師の机や配膳台が山のようになっています。とくに新任のうちは、これらの処理に四苦八苦します。子どもの顔を一人ひとり見ながら、にこやかに「おはよう」なんて言っている場合ではないのです。

さらに、子どもが連絡帳を見せに来て、「先生、いつもお世話になっています。実は金曜日の放課後、○○さんと遊んでいて、うちの子のものがなくなりまして……」なんて記述を見たときには、その子どもから事情を聞くことになります。この時点で、教師の頭の中はパニックになっているでしょう。

当事者を呼んで話を聞くべきか、学年主任に相談して話に入ってもらうべきか、それとも、生活主任に話をしておいたほうがいいだろうか……。授業がはじまる前の月曜日の朝といえば、このような状態になっています。

もちろん、安定した月曜日の朝を迎えているというクラスもあるでしょうが、想像するに、このように「しんどい」月曜日の朝を迎えている人が多いように思えます。読者のみなさんのクラスはどうですか？　ただでさえ「嫌だなー」という空気が蔓延している月曜日、この日を何とかしたいと思いませんか。

ここでは、そんな月曜日の最初に、どのような教科を学習するのかについて考えてみたいと思います。

月曜日に行う国語（三年生の場合）

月曜日の学習、ここでは三年生を想定して書いてみます。私は、月曜日の朝は「国語」からはじめることが多いです。それはなぜでしょうか。

ご存じのように、国語は一番授業時数が多い教科です。よって、すべての曜日に必ず組まれています。国語のない曜日があってもいいと思うのですが、そうなると、ほかの日に国語が二時間となってしまいます。一日に国語が二時間あると、まちがいなく子どもは飽きてしまいます。

よって、月曜日にもこの科目を組んでいますが、決して消極的な意味ではありません。むしろ、国語で月曜日をスタートしたほうがいい面がたくさんあります。その理由は以下のとおりです。

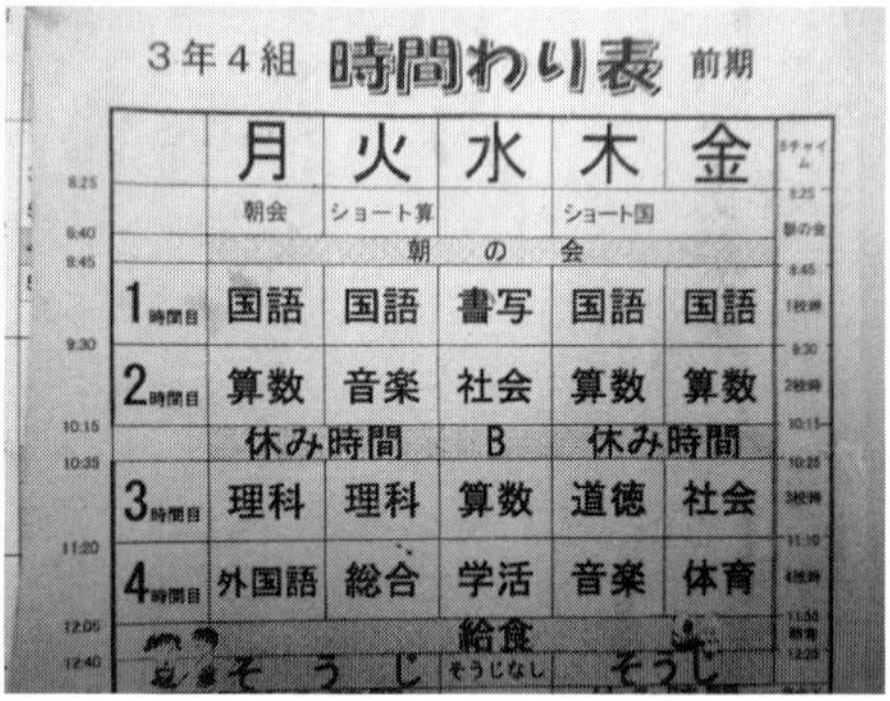

子どもたちに配っている時間割表

三年生以上になると、国語では「音読」、「漢字の書き取り」、「作文（短文・長文）」、「辞書引き」、「視写」[1]、「古典」と要素が多くなります。このような国語ですが、アレンジの仕方によってはゲームのようにできるのです。「百人一首」がその代表例となりますが、非常に便利な教科だと言えます。だから私は、月曜日は国語からはじめることが多いです。

では、国語においてどのように授業を組み立てればいいのでしょうか。まずは、失敗談から紹介していきましょう。

初任のころは、週末の出来事を話してから授業に入っていました。楽しかったことや、どこかへ出掛けたことを話して、みんなに聞いてもらっていました。しかし、話術や組み立て方が未熟でしたから、私の話をきちんと聞くという子どもはほとんどいませんでした。

ところで、みなさんは次のような言葉を知っていますか？　大勢の人を前にして話す場合のことです。

「大人に話すときは、中学生に話すつもりで話を組み立てる。人は、話を聞いていると三分で飽きる」

この言葉は、NHKが主催した「話し方セミナー」（第6章参照）で教わったものですが、大人相手でも、集中力が続くのは三分程度だということです（もちろん、個人差がありま

（1）写経のように、教科書の詩文などをノートに書き写すことです。私も含め、一部の教師が行っています。

す）。しかも、中学生に話すくらいに内容をかみ砕く必要があると言います。私の前にいるのは小学生です。さて、どれだけ配慮できているでしょうか。

たちまち、騒然としたクラスになってしまいました。それを叱り飛ばすという日々、今思い出しても恥ずかしいかぎりです。しかも、私が話している内容は授業とは無関係なことです。それを授業時間に行っているわけですから、当然、授業時数にしわ寄せが来ます。今思えば、なんてことをしてしまったのか、と反省ばかりです。

一例ですが、土曜日と日曜日のことを作文に書いてもらうという取り組みもしていました。土日なら家族との時間も多いし、普段学校でできないことを体験しているだろうと勝手に思い込んでやってもらったのですが、すぐにやめてしまいました。なぜかというと、週末だからといって特別なことをするという子どもばかりではなかったからです。よく考えたら、そうですよね。土日は楽しいもの、とは言い切れない子どももいるのです。とくにクラスの人数が多い場合は、その絶対数が増えます。

衝撃的だったのは、そのような作文を書いてもらったとき、「お菓子を食べた。お風呂に入った」とだけ書いて提出した子どもがいたことです。この子どもは、週末に友達と遊ぶこともなく、親にどこかへ連れていってもらえるわけでもなく、本当に何もしなかったのです。唯一、楽しいと感じたことを絞り出すようにして書いたのが先の文章でした。

このような子どもがクラスメイトの書いた作文を見ると、どのように思うでしょうか。「羨ましい」とか「私なんか……」と感じてしまうことでしょう。このことに気付き、この取り組みをすぐにやめたわけです。とはいえ、やってしまったという事実は残ります。本当に可哀想なことをしてしまった、と今は反省しています。

ほかのクラスをのぞいてみましょう。

宿題の丸付けからはじまるというクラスもありました。宿題ができなかった子どもには酷だなーと感じる光景です。日直のスピーチからはじめるというクラスもありますが、先の作文と同じ理由で、週末のことを話さなければならないわけですから、私はやめたほうがいいと思います。

暗唱ではじめる（二～四年生の場合）

私のやり方を紹介しましょう。二～四年生では、まず音読からはじめています。文章の内容は、教科書の文章であったり、私が選んだものであったりとさまざまです。気を付けているのは、子どもが読み慣れている文章かどうかということです。そして、目的は声を出すことです。ただ「声を出して」と言っても、対象がないと出しづらいものです。それに、単なるおしゃべりになってしまう場合もあります。

私の場合は、『草枕』、『白波五人男』、『平家物語』、『方丈記』、『走れメロス』、『雨ニモマケズ』など、「これは面白い」と感じたものを読んでもらっています。

ひょっとすると、「これって、二年生には難しいのではないか」とか「三年生に理解できるのか」と感じる人もいるでしょう。でも、大丈夫でした。とくに、『平家物語』や『方丈記』などの古典では、文章の意味を説明しませんでした。独特のリズムや言い回しを楽しむようにして、子どもたちは覚えていったのです。各学年の教科書に合わせなくても面白く暗唱ができた、というのが実感です。

最初の五分間、これに取り組んでもらいます。一人ひとりにプリントを準備して配ったこともあったのですが、それだとプリントの保管が大変になるので、画用紙や模造紙に大きく書いて、それを黒板に貼ってみんなで見るというスタイルにしました。

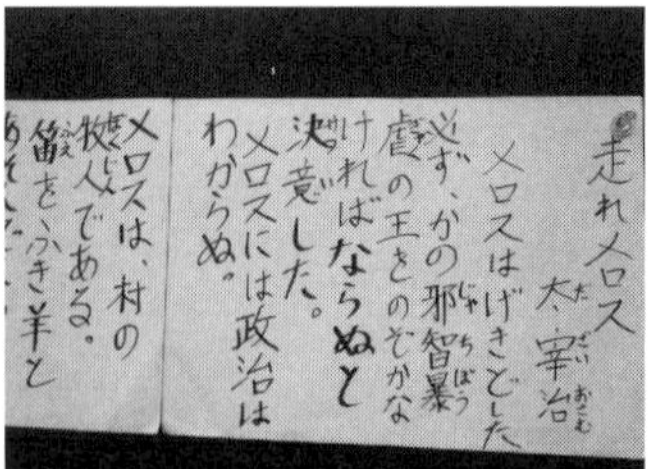

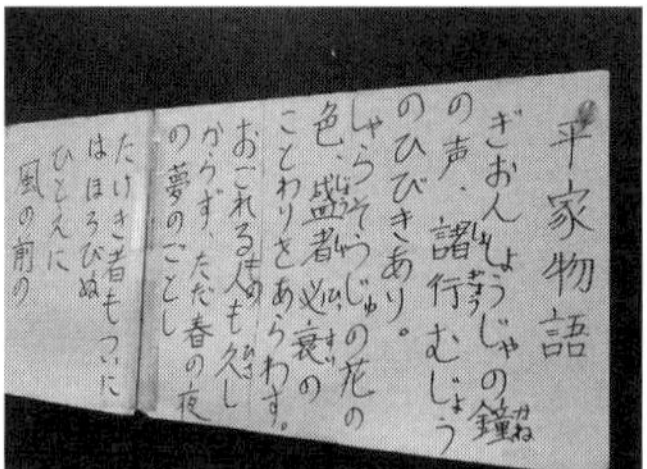

黒板に貼られた『走れメロス』と『平家物語』

そうすると、全員が同じもの、同じ箇所を見ているので、「今日はここまでを読みましょう」などという指示が出しやすくなります。そして、読み方ですが、最初は「追いかけ読み」といって、教師が読んだあとに子どもが読むという方法を用いました。

教　師　メロスはげきどした。
子ども　メロスはげきどした。
教　師　必ず、かの邪智暴虐《じゃちぼうぎゃく》な王を除かなければならぬと
子ども　必ず、かの邪智暴虐な王を除かなければならぬと
教　師　決意した。
子ども　決意した。

（太宰治『走れメロス』三ページ）

このように、教師の読み方を真似て読むのです。難しい読み方もあるので、そこを教えないとせっかくの名文の楽しさが伝わりません。
これを繰り返しやっていくと、そのうち「先生、私覚えたよ」という子どもが現れます。待ってましたとばかりに、その子どもにみんなの前で読んでもらいます。想像してくださ

い。暗唱の舞台、ステージのでき上がりです。みんなはというと、固唾《かたず》をのんで見守ります。なかには、手を組んで祈るようにして聞く子どももいます。

暗唱が成功したときには、みんな目を丸くして喜んでいました。また、見ていた多くの子どもが手を突き上げるようにして、「やったー！」と歓声を上げています。まるで、高校球児が甲子園で一勝したときのような光景です。

このようなことを授業で繰り返し行ってから、同じ月曜日の朝に「暗唱チャレンジ」という時間を設けています。すると、「今度は僕も」と言って、わざわざ予告チャレンジをするという子どもが現れるのです。月曜日の朝だというのに一気に盛り上がり、そのまま授業モードに入っていきます。

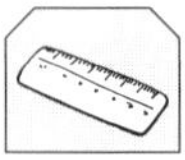

「百人一首」で楽しく授業モードに（二〜六年生の場合）

前述したように「百人一首」も効果的です。私が使っているのは「五色百人一首」というもので、二年生から六年生まで幅広く使えます。「百人一首」をすべて広げると大変な作業になりますが、「五色百人一首」なら二〇枚で対戦ができますし、慣れてくると五分ぐらいで一回のゲームが終わります。楽しみながら「百人一首」が学べるという優れものです。

このゲームを繰り返すとどのような効果が出るのかについて説明しましょう。

必ず、「先生、これ覚えたい」と言い出す子どもが現れます。最近は、「百人一首」が身近なものではなくなりましたが、三〇人以上もいると、一人か二人ぐらいは「百人一首」で遊んだという子どもがいるものです。当然、その子どもたちは、上《かみ》の句を読んだだけで札を取ってしまいます。その様子を見ていた子どもにとっては、羨ましい存在となります。もっとも、そんな子どもと対戦すると、一枚も取れずに負けてしまいますが。

しかし、何日か、何週間か続けていると、「先生、今日は〇〇さんから一枚取れたよ」という報告が届くようになるのです。その時点で、みんなから「えっ、えー！」というどよめきが起きます。すると、さらに「覚えたい」という要望が出てくるのです。

手軽に遊んで学べる「五色百人一首」

この段階に入れば、私は読み札をプリントしたものをみんなに配ります。それを子どもたちが読んでいくわけですが、家に帰ってからも読み続けているのでしょう。ある保護者から、「呪文のように唱えている」という話を聞いたこともあります。宿題ではありませんから、自分の興味で読んでいるのでしょう。何とも、ほほ笑ましい感じがします。

このように、朝のたった五分で行う「百人一首」というゲームを通して、授業モードに入っていくというのも一つのやり方です。

音読（三年生の場合）

音読、あなどるなかれ、です。私が知るかぎり、やっていないクラスが結構多いです。やったとしても、代表となった数人が指定されたところを読むだけのようです。これでは、音読したうちに入りません。しかし、文章を声に出して読むということがいかに大切かについては、書店に並ぶ本の種類の多さからも分かるでしょう。

しかし、あまりやっていないというのが実情なのです。無理もありません。多くの教師が、学生時代に声を出すという「音読」を経験していないからです。ほとんどの教師が、黙読をして問題を解いていくか、解説のときにだけ教師が音読をするという光景しか見てこなかったからです。

　実は私も、初任から五年目くらいまでは音読をしていませんでした。しかし、それはとんでもないまちがいでした。なぜ、こうなるのでしょうか。その理由は、前述したように、高校生や予備校生になるとほとんどの人が音読をしませんから、音読のよさを忘れてしまっているからです。それに、学習指導要領にも「音読をさせましょう」とは書いていませんから、新任教師だけでなく、ベテラン教師も音読という機会を設けていないのです。でも、絶対にしたほうがいいです。

　理由は言うまでもありません。声を出すことが教室内での発言につながるからです。意見が出ないクラス、特定の子どもしか意見を言わないというクラスにかぎって、音読をほとんどやっていません。書いてあることを声に出して読むという「当たり前」のことですが、これを「当たり前」のひと言で片づけてしまうのは非常にもったいないです。大人になると読んだ文字を脳内で音声化できますが、子どもの場合、とくに中学年以下の場合はそれができません。つまり、音読をしないと頭に入ってこないということです。

　先に述べたように、音読の経験が多ければ多いほど、発言する際の抵抗が少なくなります。音読を繰り返すことで、クラス内に「声が出る」という光景が日常となります。このような日常が、将来、大きく影響してくることになります。

セミナーなどに参加した経験がある人であればお分かりかと思いますが、セミナーの最後に講師が「質問はありませんか？」とよく尋ねています。たくさんの人が集まっている会場なのに、誰からも手が上がらないという場合が多いものです。そもそもセミナーに参加するような人たちですから、意識の高い人が集まっているはずなのですが、多くの場合、質問がほとんど出ないというのが現状です。

もちろん、セミナーにもよるでしょうが、ほとんどの人が聞くことをメインにしており、最初から自らの意見を会場で出すつもりがないのです。わざわざお金を払って参加していた人でも、自分の意見が出しづらいのです。このような光景を、外国人、とくにヨーロッパの人が見ると怪訝な表情をします。そう、日本人は主体性（積極性）がない、と思うわけです。

だからこそ、まず書いてあることを声に出すという行為が当たり前になるように、普段から訓練する必要があるのです。その段階をクリアしてこそ、次のステップへと進むことができます。

音読を月曜日からやっていくべきだと私は思っているのですが、みなさんはどのように思われますか。

音読の仕方（二年生の場合）

月曜日の一時間目、どのように音読をはじめるといいのでしょうか。これについても考える必要があります。ところで、みなさんは音読に対してどのようなイメージをもっていますか。

いきなり、「気持ちを込めて読みましょう」とか「主人公の気持ちを考えて読みましょう」といった言葉かけをしていませんか。低学年だと、教育番組などを見ていた影響が残っているせいか、役者のように読む子どもも出てきます。一方、それがイメージできない子どももいるものです。

指導する側としては、「棒読みだと意味がない」などといった思いがあるでしょう。その気持ちは分かりますが、せっかく声に出して読んだのに指導や注意ばかりされると、子どもから不満の声が聞こえてきます。

まず、目的が何なのかを明確にしましょう。音読にはさまざまな目的があります。たとえば、音読劇を保護者に発表するとき、普段の授業で声を出すとき、授業において主人公の気持ちを表すために声を出すとき、お世話になった人に感謝の手紙を読むときなど、それぞれの場面で目的が違ってきます。それでは、月曜日の一時間目に国語を行うとしたら、どのような目的を設定すればいいでしょうか。

私が設定した目的は、「教室の隅まで聞こえる声を出す」です。苦手な子どもも、得意な子どもも、まずはこれを目標とします。そして、全員で声を出します。全員で行うことが、音読を苦手としている子どもの後押しとなります。それに、全員で声を出すと、それだけで子どもの頭が授業モードに入ります。

読む文章は、教科書に載っているものでも、先に紹介した黒板に貼った音読教材（一〇ページ参照）でも構いません。一つ言えるのは、説明文よりも物語文や詩のほうがいいということです。塾などではなかなか見られない光景だと思いますし、想像以上の効果がある音読、ぜひ行ってみてください。

月曜日の学習における狙い

月曜日、「先週やったことを覚えていますか？」と、いきなり尋ねる教員がいます。これについて考えてみましょう。

先にも言ったとおり、月曜日はみんな「勉強をしたくない」とか「学校、嫌」という状態で多くの子どもが来ています。そんな子どもたちが、先週のことを覚えていると思いますか。まずは、「学校、嫌」といった心情を壊すための工夫をしなくてはいけません。

もちろん、教師のほうには、「月曜日からこのプリントをしてもらいましょう」とか「このアンケートを子どもたちにとらせましょう」といった、クラスでやらなければならないことや、学校全体でやらなければならないことが山積みになっていることでしょう。ただ、このような「作業」ばかりになってしまうと、ただでさえ「学校、嫌」と思っている子どもたちはさらに「嫌」になってしまいます。

では、そんな作業をやりつつ、子どもたちが「今日の学校は楽しかった」という状態にするにはどうしたらいいのか、それについて考えてみたいと思います。

演出を考える（三年生の場合）

演出、これは考える側（教師）も楽しいものです。たとえば、三年生の教材『モチモチの木』（斎藤隆介作、滝平二郎絵）の学習に取り組んでいるとしましょう。教師の背中に豆太の絵を貼っておいて、そこで言います。

「今日はね、教室に豆太くんを連れてきました。あれ、おかしいな。さっき、そこの廊下まで一緒に来ていたんだけど……。みんなで呼んでみましょうか、まめたくーん」と言って、教師が豆太を探す素振りをして背中を子どものほうに向けると、そこに豆太がいます。それを見た子どもたちが、「先生いたよ。そこだよ」と言い出します。

「えぇー。まだ見つからないよ。どこかな?」

「先生の後ろにいたよ」

などといったやり取りがはじまるでしょう。このようなイントロから『モチモチの木』の学習に入ると、子どもたちはとてもやる気になるものです。三年生くらいだと、このような教師の演技が大好きなものです。

そのほか、「挑戦状」などといったものも子どもたちは大好きです。

黒板に、掛け軸を巻いた状態でぶら下げておきます。それを教師が開くと、そこに挑戦状が書かれています。

「山の神からの挑戦です。この問題解けるかな。解けたら、今度の自然教室[2]で教えてね」

これを見た子どもたちが問題を解いていくわけです。挑戦状の内容は算数や漢字などが多くなるでしょうが、こうしたやり方は想像以上に盛り上がりますし、子どものやる気を引き出します。

さて、やらなければならない作業はどうすればいいのでしょうか。いくら面白い演出を考えて実行したとしても、「絶対にやってください」などと上司から念を押されている作業はどのようにして行えばいいのでしょうか。とくに新任教員、または経験年数の少ない人は困りますよね。

まず、その作業（プリントやアンケート）ですが、いつまでにやらなければならないものなのかを確認しておくようにしましょう。おそらくですが、「今日言われたことを明日までに」という乱暴な指示はほとんどないと思います。大抵の場合、「この週までに」とか「今週中に」といったアバウトな期限が設定されているはずです。

それさえふまえておけば、「水曜日にやろう」とか「火曜日の二時間目だと確実」などと予定が組めるはずです。指示を受けたからといって、月曜日の最初からやる必要はありません。それよりも、演出をじっくり考えてみてください。結構、楽しめるものですよ。

（2）　五年生が参加する宿泊行事のことです。川崎市では長野県の八ヶ岳に行き、「青少年の家」に泊まっています。二泊三日の期間、自然とのふれあい活動を通して共同生活を学んでいます。

教科を楽しむ（五、六年生の場合）

子どもと一緒に教科を楽しむ、この視点も大事です。ここでは、それについて少し考えてみます。

たとえば、国語の時間において、いきなり「国語のこの読み取りが楽しい」とか「みんなの意見は○○だったけど、私は△△だった。でも、そのことを分かり合えて楽しい」とはならないでしょう。もし、できているとしたら、相当レベルが高い授業をされているか、子どもたちの理解力なり、話し合いの技術が磨かれているクラスだと思います。

現実は、ここまでのレベルにはなかなか至りません。でも、そのレベルに到達するために、やはり教科を楽しみたいものです。では、どうすればいいのでしょうか。まずは、教員自身がその単元においてどのようなところが楽しいのかを、教科書を見ながらよく考える必要があります。ここでは、高学年における「俳句を読む単元」を紹介しましょう。

古池《ふるいけ》や　蛙《かわづ》飛《と》び込《こ》む　水《みず》の音《おと》

みなさんご存じの松尾芭蕉（一六四四〜一六九四）の句です。一般的には、「蛙が古池に飛び込む音が聞こえて来るほど、なんて静かなのだろう」という解釈で知られています。さて、この句から楽しさは見てきますか？

この句を詠んだ人、つまり芭蕉に見えているものがあるはずですから、まずはそれについて考えてみましょう。

・古い池
・池の周りに生えている苔《こけ》
・濁った池の水
・蛙
・水の波紋
・池の周りにある石や岩

このようなものが考えられます。次に、聞こえていた音とは何でしょう。

「関口芭蕉庵」（東京都文京区）にある池

・水の音
・風で木々が揺れる音
・鳥の鳴き声

まずは、思いつくかぎりでいいです。どんどん出していきましょう。ほかに、どのようなものが想像できますか？　もし、その池がお寺の境内にあったとしたら、お堂や山門があるかもしれません。その周りには、竹林が広がっている可能性もあるでしょう。想像力を存分に働かして、挙げてみてください。

さて、今ここに挙げたもののなかで、あり得ないものを一つ出すとしたらどれになるでしょうか？　読者のみなさんも考えてみてください。

実際に芭蕉は蛙を見たのか、それとも見えていないのか、これが議論の対象になると思います。蛙が見えているとしたら、芭蕉は蛙が飛び込む瞬間を見ていたことになります。でも、「古池や」と詠んでいますので、古池を見て感動している様子がうかがえます。となると、飛び込む前から蛙を見ていたとは思えません。

このように、一つの俳句を取り上げた単元においても、さまざまな議論を生み出すことができるわけです。教室において、このような議論が展開される様子を想像してください。

「楽しい」雰囲気が伝わってきませんか。たぶん、四五分では終わらないほど熱が入るはずです。

　ちなみに、この句が詠まれたところですが、はっきりとしていません。よって、全国さまざまなところにこの句碑がありますが、その一つが、神田川沿いにある「関口芭蕉庵」です。神田上水の工事にかかわった芭蕉が、しばらくの間、庵を構えて住んでいたところです。参考までに句碑も掲載しましたが、何とこの場所、本書の出版社である新評論から歩いて一五分ほどのところとなります。

関口芭蕉庵にある句碑（芭蕉の真筆）

係活動（四年生の場合）

　ここまで、主に国語の学習について述べてきましたが、当然、係活動もあります。そのことについて少し触れたいと思います。

中学年くらいになると、それまでの経験を活かして係活動を楽しみにしている子どもがたくさんいるものです。「今年は、ぬり絵係で○○のキャラクターを描きたい」とか「スポーツ係で○○の企画をしてみたい」などと言って、楽しみにしているわけです。では、係活動において、月曜日にどのようなことができるのかという視点で見ていきましょう。

まずは、子どもの「やりたい」という気持ちに火をつけたいものです。「やらされている係」なんて、誰も楽しいと思いませんし、係活動とも言えません。そこで、それぞれに企画書を書いてもらいます。

この「企画書」などという言葉も四年生は大好きです。必死に書きはじめます。すると、さまざまな企画が出てきます。しかも、これを週の初めに行うと、「今週、この企画をやりたいんですけど」とか「水曜日にこの企画できませんか」など、具体的な期日を提案してくる子どもが多くなります。

まずは、どのような企画でも受け入れます。そうしないと、「せっかく考えたのに、結局、なんやかんや言ってダメになる」では、やる気をなくしてしまうからです。月曜日の目標はやる気を出させること、その一つにフォーカスしてもいいくらいです。とはいえ、あまりにも無茶な企画であればやはり無理です。教室や校庭といった空間においてどのような企画であればできるのか、子どもたちにはイメージすることが難しいので、教師が助け舟を出す必要があります。

出された企画書を見て、「なるほど、面白いな」とか「これ、どうやって思い付いたの？」などと受け入れる姿勢をまず見せてください。そのうえで、「このままでは完成とは言えないので、先生にも考えさせてくれる？」と言って受け取ります。そのうえで、できる範囲のものを考えるのです。

できることなら、子どもが考えたものを、そのまま実現させてあげたいと思いますが、すべてにＯＫは出せませんし、係活動ですから学習面における「狙い」も考える必要があります。

いきなり、「みんなでアイスパーティー」なんていう企画を出されたらどうしますか。教室において、アイスを食べるというのはさすがに認めるわけにはいきません。しかし、ただ単にアイスを食べるのではなく、「このパーティーをやってみんなとの仲を深めたい」という「狙い」があったら話は変わってきます。ひょっとしたら、次のような会話が展開されるかもしれません。

「アイスは、本物じゃなくて、紙でつくったものにしよう」

「紙でつくったアイスに、自分のことを紹介した文を書こう」

そして、アイスを交換しながら、「このアイスをつくった人、誰？」となって、友達の意外な一面を知ることになるかもしれません。

このように、子どもが出した企画に大人の「知恵」を足して、企画が実現したような気分にさせてあげるのです。実現の可能性が高まればモチベーションも上がりますし、とてもうれしいものです。まちがっても、「却下」ばかりをしないようにしてください。

放課後の作業

放課後、これがまた忙しい時間となります。職員会議の資料をつくる、次の部会で提案する資料をつくる、文部科学省から送られてくる調査関係の回答のほか、放送機器の担当になっている教師であれば、それを管理するための書類づくりなどたくさんあります。一方、会計担当の教師の場合は、教材費の支払い連絡や、口座からいつ引き落とすのかなどといった会計処理に追われることになります。

これらは、ほとんどの場合期限が定められていますので、その日までに必ず処理する必要があります。「本当に私たちの業務なのか？」と感じる場合も多いわけですが、現実から目を背けることはできません。このような作業に慣れるまでが、まさに教師の「皿洗い期間」となります。

じゃあ、どうすればいいのか。まず、簡単なリストを書きます。バインダーに挟んだ裏紙でもいいし、メモ用紙でもいいです。とにかく「やらねばならぬこと」を列挙するのです。書き方にこだわる必要はありませんが、もしこだわるのであれば、書店にはさまざまな実用書が並んでいますので、それらを参考にしてください。

ここでは、それらの仕事をどのように効率的にやるかについて話します。

まず、大抵の書類は昨年のものがストックされています。それを、そのまま使うのです。ただし、昨年と違うところは修正します。これでかなりの時間が削れます。

もし、「今年はこういうことを提案したい」という熱い気持ちがあるのなら、ネットに掲載されている他校の例を参考にするなどして、自分なりのものの

時には、テストプリントが積まれている職員室の机

を作成しましょう。しかし、少し時間がかかることだけは覚悟してください。

そして、作成した書類を担当部署の人に見てもらいます。この場合、上司がいいでしょう。「次に提案するものをつくってみたのですが、見ていただけませんか」と言って、確認してもらうのです。

ここで言いたいのは、雑務処理に関する時間を削り、その時間を、授業について考えるために使って欲しいということです。とくに、若い教員に伝えたい重要な点となります。

これができるかできないかで、日々の時間の使い方が変わってきます。仕事が間に合わない。夜遅くまで残って事務仕事をやっている――そういう教員が非常に多いものです。そして、みなさん真面目で熱心です。でも、授業はそれだけではうまくいきません。体力勝負ですから、疲弊した状態ではなかなか務まりません。最悪の場合、療養休暇を取らざるを得ないことにもなってしまいます。そうならないためにも、自分の時間を確保するようにして、楽しく仕事をしましょう。

第2章 火曜日

エンジン始動

机の上が整理されていると、「これからやるぞ！」という気分になる

火曜日にどのような教科を組むのか――ここから一週間をイメージして、授業を組む教員が多いのではないでしょうか。もちろん、月曜日から「エンジン全開」でやっていくクラスもあるでしょうが、かなりの授業技術が教員にないと、思うようにならないというのが現実です。

私の失敗談を紹介する形で説明をしていきます。

教師ができないことを子どもに考えてもらう（二年生の場合）

まず、教科書を見ますよね。教材研究をするときに私がやっていたことは、「こんなこと尋ねたら、どんな答えが返ってくるのかな」といった程度で発問をつくっていたことです。二年生に算数を教える場合を考えてみます。たとえば、「4×3＝12」という問題を子どもに考えてもらいます。誰しもが行うように、この式「4×3」を黒板に書きます。

教師　さあ、この式のやり方が分かりましたか？

児童　分かった。4が三つだから12です。

教師　なるほど、いいですね。ほかに、どんなやり方がありますか？（誰か、何か答えてくれ！）

児童　……。（何を言ってんだろ？　もう、答えは出てるよ）

実際、このような発問を繰り返して、「なんで今年の子どもは疑問をもたないんだろうか」などと思っていました。今思い出しても、顔から火が出るほど恥ずかしいかぎりです。このような発問をしたら、気の利いた子どもが面白い答えとか教室が盛り上がるような答えを言ってくれるだろう、といった期待感のあることが丸分かりです。

発問って、こういうものじゃないですよね。第1章でも述べましたが、子どもの頭にイメージがつくられるような発問が望ましいものとなります。

かつて私がやっていたような発問の連発、当然、授業はつまらないものとなります。仮に発言があったとしても、塾で先取りしていた子どもが「はい、はい」と言って答えるだけでしょう。無味乾燥な授業展開、呆れるしかありません。

算数は、問題が解けて○《まる》をもらえないとつまらない（四年生）

本章では、算数を題材にして火曜日の進め方について述べていくわけですが、算数については、これまでたくさんの研究会においてさまざまな意見が交わされてきました。

「考えさせるのが算数だ」

「子どもが思わず解きたいと思える問題を出す」

「身近な問題を組むと、子どもにやる気が起きる」

どれも「なるほど！」と思う意見ですが、実際はどうなのでしょうか。

「考えさせるのが算数だ」という意見に賛同する人が本当に多いです。決してまちがいではないですが、難しすぎる問題を組む場合があります。それも、ヒントを出さないで。このような教員は、「子どもが考えに考えて、やっと解けた。これが算数だ！」と言っていることでしょう。


しかし、教室のなかにはいろいろな子どもがいるのです。このようなやり方も、ちょっと立ち止まって考えてみる必要があります。たとえば、四年生に出した面積に関する次のような問題です。

「面積が12㎡。たての長さが40㎝の長方形があります。横の長さはいくつですか？」


この問題、いくつかのハードルがあることに気付きますか？

面積の公式は「たて×横＝面積」ですが、この問題の場合、「たて×□＝面積」となります。だから、「面積÷たて＝□」としなければなりません。

次に単位です。面積は平方メートル（㎡）なのに、たての長さはセンチ（㎝）なのです。ということは、単位をどちらかに合わせる必要があります。さらに、横の長さをどの単位で出せばいいのかという指示がありません。これについても、解答者は考えなければならないわけです。要するに、発問者に配慮がないということです。

このような問題を出して、みんなで話し合うというクラスが多いのではないでしょうか。すでに「問題慣れ」をしていて、解答できる子どもはいいのですが、かけ算がやっと分かるというレベルの子どもはどうなるでしょうか？　おそらく、何にも学べないまま一時限が終わることでしょう。

このような光景、本当に学習と言えるでしょう

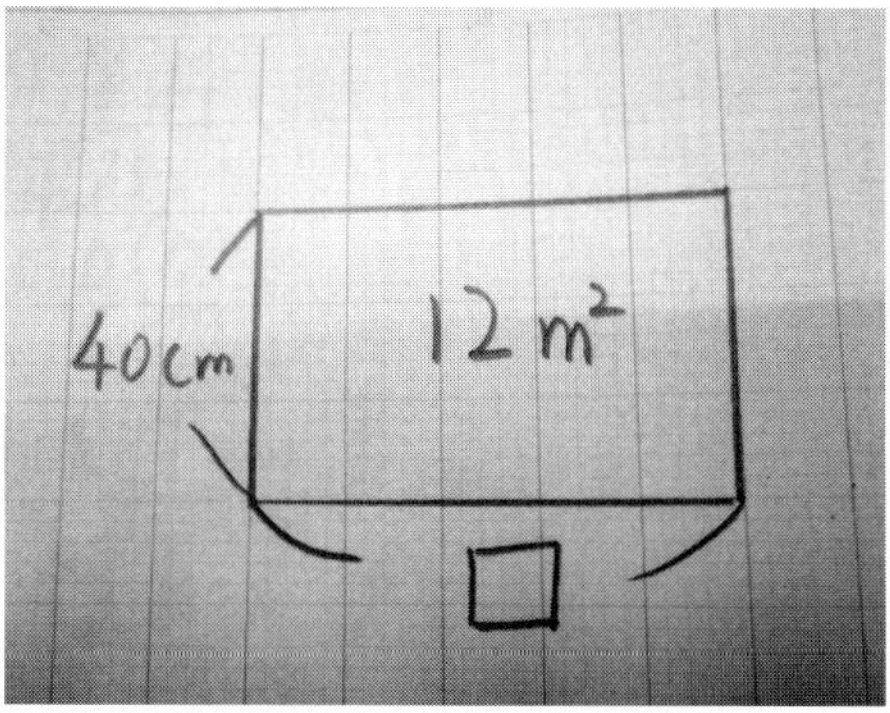

見ただけで混乱する図

か？　また、このような問題を解いたところで、子どもたちが「算数は面白い」となるでしょうか？　どのような問題であっても、一つの授業で一度も○《まる》をもらえないと算数は面白くなりません。

「いやいや、そんなことはない。解けなかったけど、みんなで考え合って面白かったよ、となる」

研究会などでは、こういう助言をたくさんいただきましたが、すでにたくさんの成功体験のある子どもにかぎった場合の話ではないでしょうか。そもそも勉強が苦手な子どもは、問題が解ける、教師に○を付けてもらうといった経験が少ない状態で教室にいるのです。一度も○をもらったことがない子どもを、これまでに何人も見てきました。

算数の授業では、問題が何回も出されます。初めて行う単元だと、最初に一問が出されて、それについて考えていきます。それができたら、確認の問題が二問くらい出されます。教科書の流れでは、このようになっています。そして、同じ単元の二回目の授業、三回目の授業だと練習問題に入りますから、一二問くらいが出されます。

このような学習のなかで、一度も○をもらったことがない子どもがいるのです。そんな子どもの場合、「考える楽しさ」というものを算数の授業で感じることはないでしょう。というより、そもそも「考える楽しさ」を求めるでしょうか？　たぶん、「一刻も早くこの時間が終わってくれ！」と思っているのでしょう。このような状態のところにハードルがいくつもある問題を出すと、「お手上げ」となるだけです。

それでも、何とか頭を捻って答えを出す子どももいます。しかし、その答えには×《ばつ》が付きます。「なにくそ！」と思って、躍起になって問題を解く子どももいるでしょうが、「じゃあ、どうすればいいの⁉」と、諦めてしまう子どものほうが多いはずです。

だから、最初の助走となる問題では簡単なものを出し、全員が◯をもらえるようにする必要があります。もし、難しい問題を解かなければならないときは、いきなり考えてもらうのではなく、まず解き方を教えるのです。それでも分からなかったら、ヒントを与えます。それでも分からなかったら、教師が一緒に解いてあげてください。

算数を苦手にしている子どもには、ここまでやらないと算数を好きにはならないと思います。誰にでも苦手なものがありますよね。研究授業(1)などを見ていると、難問を与えて、いろいろと困った挙げ句に子どもが答えを出すという光景がよく見られます。算数にかぎらず、苦手な子どもの視点に立った授業のあり方が必要だと思います。

---

(1) 一人の教師の授業風景を、ほかの教師が見に来るというものです。通常、授業のあとに、その授業に対する指導講評を行っています。

なぜ、算数をしなければならないのか？
——これについて話したことはありますか？（高学年）

苦手な子どもは、常に「なぜ、算数をしなければならないのか」という疑問をもっています。学年が下だとなかなかその意味が伝わりませんので、ここでは五・六年生に話す場合を紹介します。読者のみなさんも、一度ページを閉じて考えてみてください。

買い物に行くときに困らない、お小遣いの計算のときに役立つ——このような日常生活だけに目を向けていると、「薄っぺらな理論」になってしまいます。現在、買い物においても電子マネーが流行していますので、いちいちお金を数えなくても無事にすますことができます。

いかがですか、「なぜ、算数をしなければならないのか」について、自分なりの答えは出ましたか？

分数の約分を考えてみましょう。「$\frac{4}{8}$」や「$\frac{5}{10}$」などですが、これって「$\frac{1}{2}$」になるなーと考えますよね。ただ、計算の場面によっては、あえて約分しないで「$\frac{5}{10}$」のままにしておいたほうが便利なこともあります。このような思考を鍛えるのが算数なのです。日常生活に置き換えると、このような思考のあり方を私たちはよく使っています。たとえば、仕事の場面においていくつものタスクがあったとします。それらを片っ端から片づけていくというのも一つの方法ですが、実際に行うとき、「これとこれは似たようなものだから一緒にやると効率がいいな」とか「これとこれは場所が近い案件だから、どちらかに出張した際に行えば時短になるな……」などと考えませんか。

　このような思考は、算数・数学で行う「約分」によって養われます。そう、思考力を鍛えるというのが、「なぜ、算数をしなければならないのか」の一つの答えとなります。

　折に触れてこのような話をすると、算数を苦手としている子どもが「前のめり」になって問題に取り組むといった光景を見せてくれることがあります。高学年になれば、さらに理解が深まります。

ここが変だよ、算数の授業（四年生の場合）

　教師が問題を黒板に書く。得意としている子どもが「はい、はい」と元気よく手を挙げて、指名されるのを待っている――このような挙手制の授業を、研究授業でもよく見かけました。しかし、このような授業の進め方も、そろそろスタンダードではなくなっているようです。なぜなら、みなさんもご存じのとおり、現在では一人に一台パソコンの端末が配られています。その端末に答えを打ち込むという授業形式がすでに存在しているからです。

とはいえ、黒板を使った授業形式もまだまだあります。全員が同じものを見て、「これどうやるんだろ?」と考えるというよさがあるからです。それをふまえて、挙手制の授業はもうやめにしませんか、というのが私の主張です。

四年生の授業でイメージしてみましょう。多くの子どもが挙手をして、一見すると元気よくみんなが参加しているように見えます。でも、本当に全員が手を挙げているでしょうか? 手を挙げていない子どもがいるはずです。その子どもはどうするのですか?

教職を続けている人であれば、そこに気付く必要があります。とくに四年生の段階では、問題が分からないと飽きてしまって、ほかのことに集中してしまいます。では、どのような算数の授業がいいのでしょうか。

算数の学習においては、教科の特性上、答えがはっきりと出ます。ですから、答えが出てしまうと「もういいや」となりがちです。しかし、同じ答えでも、答えの導き方が違うという子どもが何人かいるはずです。高学年になると解き方の種類が多くなるので、余計にそうなります。だから、同じ答えでも、あえてみんなに答えてもらうのです。

毎回このような授業をする必要はありませんが、一単元に一回くらいは、じっくりやってみるのもいいと思います。

24÷2＝12

このようなわり算を解く場合を考えてみましょう。解き慣れている子どもであれば、答えをすぐに出すでしょう。しかし、「最初にある24の2を、2÷2＝1とやりますね。これは、何をやっている計算ですか？」（画像参照）などと問いかけてみるのです。

計算が得意な人でも、この途中の計算が、なぜそうなるのかについてきちんと説明できる人は意外と少ないものです。読者のみなさんも、時には考えてみてください。意外と、説明するのが難しいものですよ。

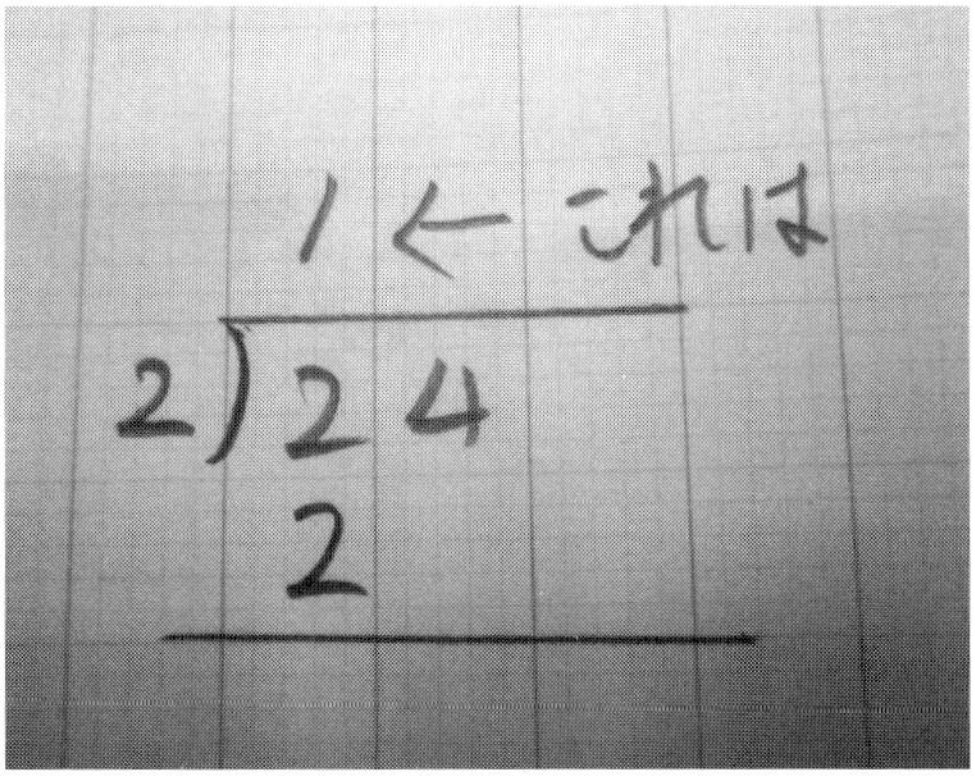

筆算の基本でも、意味をきちんと答えるのは難しい

挙手制で、分かった子どもが答えるという授業形式からの脱却を提案したわけですが、その理由は、挙手制の場合だと、事前に学習をしている子どもか、算数が得意で、勘の鋭い子どもだけが活躍する授業になってしまうからです。一方、苦手な子どもはどうなるでしょうか。まったくもって「置いてけぼり」状態となります。

そのような子どもたちに、どのようにして理解してもらうのか、どのようにして算数を好きになってもらうのかが大事です。

算数のどこが嫌いなのか

「算数は嫌い」と言う子どもがどこのクラスにもいるでしょう。苦手な子どもは当然ですし、計算が得意な子どもでも、このように言う場合があります。その理由を考えておいたほうがいいようです。とくに、算数を得意としている教員は、「算数の楽しさ」を押し付けてしまう場合があります。

「算数が嫌い」と言う子どものなかには、「もう数字を見るのも嫌だ」、「問題の意味が分からないから嫌だ」、「やり方は分かるけど、ミスをするから嫌だ」、「計算練習をたくさんやらなければならないから嫌だ」など、子どもによってさまざまな段階があります。どの段階でつまずいているのかによって、取り組み方が変わってきます。
以下では、四つの段階について、私がやってきた方法を述べていきたいと思います。

「何度もやるから嫌だ」（二年生）

二年生のかけ算のところで感じたことです。何度も同じような問題が出るのが嫌なのです。ちゃんと教科書を見ると、多少違うのですが……。

たとえば、「３×２」の文章問題が出たら、次に「２×３」が出るわけです。もちろん、発問の意味に違いがあるのですが、子どものなかでは一緒なんです。ですから、「いつまでやるの？」となってしまうのです。

失敗談

かけ算九九を覚えてもらわないといけないという意識から、授業でも、宿題でも、九九の練習プリントをたくさん出してしまったことです。確かに「慣れ」は必要なのですが、それをプリントで補うというのは授業ではありません。あとでも述べますが、プリントが一枚増えるというのは子どもにとって負担なのです。来る日も来る日も九九のプリント、こんなことやっているから「算数は嫌だ」となります。

考えた方法

九九を、歌のようにして何度も何度も唱えました。最初は「上がり九九」と言って、「にいちが2、ににんが4……」と唱え、次に「下がり九九」で「にく18、にはち16……」と唱えていきました。隣同士が交代で言うなど、変化をつけてこれを繰り返しました。自分が言っている間も、聞いている間も、どんどん九九が入ってくるわけです。

ある程度できたらゲームにして、「全員が立って、早く言えた人が座る」などして遊びました。二年生ですから、「やった一位」とか「五位に入れた」と喜んでいました。闘争本能を刺激するこのような遊び、いやはや盛り上がりました。

「問題の意味が分からないから嫌だ」(問題を読むのが面倒くさい症・三年生)

このように言う子どもの場合、多少なりと解答できた経験があるのでしょう。しかし、「出てきた数字を計算式に当てはめればいい」と考えて、雑に解いている可能性があります。なぜ、雑に解いてしまうのかというと、おそらく「考えるのが面倒くさい」のです。だから、尋ねられていることに対して考えようとしないのです。このような子どもの場合について述べます。

失敗談

問題の意味が分かっていないので、図を用いたり、もう一度読んだりして説明をしました。そうしたら、余計に混乱しました。意味が分かっていない子どもには丁寧な説明が必要、と考えがちですが、逆効果になることを勉強しました。

考えた方法

まず、声に出して問題を読んでもらいました。このような子どもにかぎって、ちゃんと読んでいない場合が多いのです。先にも述べたように、声に出すと、それだけで頭に内容が入って来ることもあります。

それでも意味が分からない場合には、「何の計算（わり算、かけ算、たし算、ひき算）なの？」と尋ねました。そうすると、もう一度問題を読んで理解しようとしました。どの計算方法を使えばいいのかが分かれば、自力で解けることが多いものです。

「数字を見るのも嫌だ」（数字恐怖症・四年生）

数字を見ようとしないわけですから、かなり重症です。かつて、私の教え子（四年生）にもいました。たぶん、×《バツ》ばかりをつけられてきたのでしょう。「私は、算数はダメだ」

と決めつけていました。このような子どもに対して私が行ったことを書きます。

失敗談

算数の面白さを伝えなければ、と考えました。しかし、このような状況だと、「面白さ」までたどり着くのが大変です。そこに気付かず、簡単な問題を準備してしまいました。これが失敗です。

数字を見るのも嫌なわけですから、簡単だろうと、難しかろうと同じなのです。それに、ほかの子どもよりも一問余計に解かなければならないのです。机に突っ伏して、泣きながら「もう疲れた」と言われてしまいました。

考えたやり方

どこまでだったらできるのか、と考えました。たとえば、教科書を机に出す、ノートを机に出す、です。こんな基本的なことでも、できていたら褒めました。そして、次のように言いました。

「今日は、授業がはじまるまでに教科書とノートを出せていたね。すごい」

そして、そこまでできたので、「授業は聞いていれば大丈夫だ」と伝えました。失敗体験が多すぎる子どもは、「褒められた」だけでもモチベーションが上がるものです。

「問題が多いから嫌だ」（計算量恐怖症・五年生）

五年生くらいになってくると、計算問題の量がとても多くなります。前述したように、一つの設問に対して、多いときには一六問にもなります。やり方を工夫しないと時間ばかりがかかることになります。また、得意な子どもと苦手な子どもの時間差がすごく大きくなってきます。

得意な子どもはスイスイと解いて終えていきますが、苦手な子どもはじっくり解こうとします。そして、得意な子どもから「先生、まだー」と言われます。このような経験、みなさんにも多いことでしょう。

失敗談

問題を解き終えた子どもに渡すプリントを用意しました。そうすれば、待っている間も問題を解くことができます。そして、計算力が上がると考えたわけです。とても稚拙なやり方でした。問題を解き終えた子どもには、さらに問題が課されるのです。そのことを負担に感じるというイメージができなかったのです。そして、言うまでもなく、答え合わせをするプリントの量も増えてしまいます。

このプリント、一見「次の段階の学習準備」とも思えますが、実はその逆で、加速度的に教員が忙しくなります。また、苦手な子どもへのフォローがしづらくなります。

考えた方法

解き終わった子どものノートを確認し、黒板に答えを書いてもらいました。みんな黒板に書けるのがうれしいのか、次々とノートを持ってきます。その回答を見て、苦手な子どもにはヒントを出したり、一緒に解いていきました。もちろん、解き終わった人をいつまでも受け入れていると黒板が足りなくなるので、適当なところで「締め切り」としました。

このようにして、どうしても分からない子どものフォローに回ることができました。

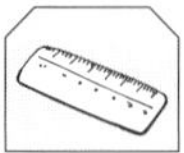

算数の得意な子ども、苦手な子ども（四年生）

何を基準にして、算数が「得意」とか「苦手」となるのでしょうか。本人の「苦手意識」が強い場合には後者になると思いますが、みなさんはどのように考えますか?

この「苦手意識」を払拭するのはとても大変です。ここでは、この苦手意識をどのようにしてなくすのか、なくせないまでもどのように薄めていくのかについて、四年生を対象にした授業でのエピソードをお話しします。言うまでもなく、失敗談からです。

かけ算九九がまったくできない子どもがいました。いくらやっても覚えられないのです。かけ算九九は算数の基本です。この先ずっと困ることになると思い、まず練習量を増やそうと考えました。しかし、授業時間に行うとなると、これがまた難しいのです。なぜなら、その授業時間に、ほかの子どもに別の課題を与えなければならないからです。

それに、考えてもみてください。みんなが教科書に沿った課題をやっている最中に、一人だけ九九の復習を教員とやるわけです。誰だってやりたくないですよね。全員の前で、「あいつだけ九九をやってるよ」と言われて、馬鹿にされるわけですから。

この子どもが「学校に行きたくない」と言い出したときは、心臓が止まる思いでした。おそらく、「俺の力で九九を覚えさせてやる」という自意識があったのでしょう。言うまでもなく、こういう独りよがりはいただけません。

ちなみにですが、その後、この子どもは学校に来てくれたものの、算数を得意になることはありませんでした。

このような事例の場合、「教師の力で算数を得意にしてやろう」という、空回りともいえる意気込みが一番のまちがいとなります。そして、その手順の稚拙さ、です。その子どもは、「算数をできるようになりたい」と思ったのでしょうか。この点を無視した「独りよがり」だったと言えます。

一方、「算数が得意」という子どもに視点を当ててみましょう。挙手をすれば教員が指名してくれる、答えを出せばみんなが納得する、テストをやれば「○○は絶対100点だよ」と噂される子どもです。なぜ、こんなにも大きな差が出てしまうのでしょうか。

得意とする子どもは、まず成功体験が多いと言えます。初期の段階、小学校一年生になって算数の教科書をもらったばかりのころです。教科書の活動における「数遊び」などをしている段階で、どんどん成功体験を重ねていったのでしょう。

一年生の学習ですと、10をつくる場面が考えられます。得意とする子どもは、「8と2で10」とか「6と4で10」などとどんどんつくっていきますが、なかなか取り組まない子どももいます。とはいえ、このような子どもも、本当は苦手ではないのかもしれません。窓の外に気を取られていたとか、道具箱に入っているほかの教材に気を取られていただけかもしれません。しかし、授業はどんどん進んでいきます。

この段階では、得意とか苦手という意識はあまりないはずです。でも、ほかの子どもは教員に褒められて、どんどん算数を好きになっていきます。そして、もう一方は……。

もし、このようなささいなことから算数の得意や苦手意識が発生しているとしたら、教員の対処の仕方に問題があると言えます。格言じみた言葉ですが、「褒めて育てる」必要があるかもしれません。

「先生、算数って面白いね」（四年生）

算数を苦手とする子どものことを書いてきましたが、もう少しお付き合いください。今度は、私の成功体験をお話しします。

日頃から意見はよく言うのですが、算数ができないという子どもがいました。授業中、本当によく発言をするのです。でも、テストはボロボロ、まったくと言っていいほどできていなかったんです。その子どもが面積の学習をしている様子を述べます。面積ですから、四年生となります。

繰り返しますが、意見はよく言うのですが、ノートを見るとむちゃくちゃでした。文字はきちんと書いているのですが、何を書いているのか、統一性がないのです。思いついたまま書いている様子がうかがえました。そこで、ノートの書き方から指導しました。

「まず日付を書いて、問題番号を書いて、それから式を書くんだよ」

こんな当たり前のことですが、この子どもはやっていなかったのです。ノートに問題文や、それを説明するキャラクターなどを書いているうちに授業が進んでしまったのでしょう。学習の定着が乏しい理由が分かったような気がしました。そこで、私の考えを言いました。

「ノートをまとめることは大事。だけど、余計なキャラクターや飾りなどを書いていては授業に追いつかないよ」

少し納得したような顔をしたので、次のように言いました。

「ノートは、シンプルにすると綺麗になるよ」

その後、面積の学習においては、「たて×よこ＝面積」の公式や問題番号のみを書いて、すぐに取り組むようになりました。でも、まだミスが目立ちます。計算練習が足りていないのです。そこで、公式の意味を説明しました。

教師　たてというのはどこのこと？

児童　分からない。

教師　ここだよ。この線のこと。

児童　……。

教師　ここに、この一平方センチメートルが並んでるんだよ。（と言って、たての辺に一平方センチメートルの図を描く。）

教師　これが横に並んでいるでしょう。どこまで並ぶか分かる？

児童　分かった。この四センチ（よこの辺）の分だけ。

このようなやり取りをしたあと、問題に取り組みました。それからというもの、練習問題では正解が増え、テストで八五点をとりました。もちろん、まだ伸び代があるわけですが、この子どもが言った言葉が忘れられません。

「先生、算数って面白いね。私でもできたんだもん」

私でも？　そんなことはありません。あなただからできたんだ、と思いました。このような言葉が聞

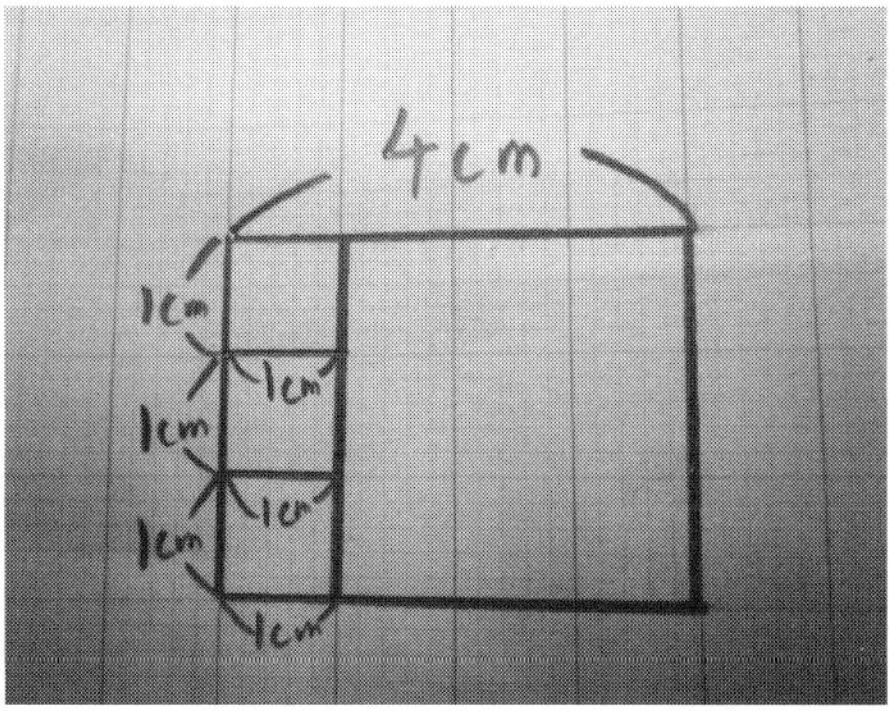

１㎠がいくつ並んでいるかが大事

けることが、教師という仕事の醍醐味ではないでしょうか。
　元プロ野球の監督であった野村克也氏の言葉に次のようなものがありました。
「試合前になると、まずこの『劣等意識』を取り除くことに腐心した」（『野村主義　勝利への執着力』野村克也、小学館、二〇〇九年、一五ページ）
　立場も、活動も違いますが、教員として教壇に立つ以上、「どうしようもない子どもがいたら俺に任せろ」という気概をもって立ちたいものです。

教室事務と言われる作業

　さて、火曜日になると会議もあるでしょうが、少しは教室事務ができるという時間もとれるのではないでしょうか。ところが、この教室事務、私は初任のころから疑問を抱いていました。「みなさん、どんなことをしているのだろう?」と。

　この教室事務について、「疑問」、「自分の今の答え」、「楽しい作業から」、「時には人に頼る」、「放課後の教室でやること」という視点のもと、失敗談や経験談を交えて書いていきます。

疑問

放課後にどのようなことをするのか？　最近になって、ようやく自分で組み立てられるようになってきましたが、みなさんは何をされていますか？　みんなやっていることがバラバラで、なおかつ「こうしたほうがいい」と教えられることもなかったように思います。ならば、「自分で学ぶしかない」というのが私の考えです。

実際、どのようなことをしている人が多いのでしょうか。周りを見ていると、圧倒的に多いのが「テストの○《まる》付け」です。それから、子どもが書いたノートのチェック、コメントなどの記入です。これらを職員室で行っている人もいれば、教室で黙々とやっている人もいます。まずは、このあたりから述べていきましょう。

本当に、テストの○付けは楽じゃない――初任のころに強く感じたことです。初任者の場合、たいがい平日に終わらなくて、土日のどちらかに職場に行ってやるというケースが多いようです。土日のサービス出勤が多いのはこのためかもしれません。

しかし、この○付け、極端な言い方をすれば、業務において義務づけられているものではありません。でも、テストをした以上、またプリントを書いてもらった以上、何らかの評価をして返却しなければなりません。この作業をいかに早くするか、と思っていました。

失敗談から話しますと、テストを実施してから一か月ほど経ってから返却したということもありました。大学受験じゃあるまいし、一か月後にテストを返却していったい何の意味があるんだろうか、と考えてしまいました。

「分かっているなら、早く返却すればいい」という言葉が飛んできそうですが、なかなかそうもいかないのです。「校務分掌」と言われる学校事務がたくさん割り振られており、とくに会計担当や放送機器担当などは最優先でやらなければなりません。難儀なことに、それらの処置には時間がかかるのです。それ以外にも、校内の安全点検担当、運動会の表現を考える担当、清掃用具の担当など、すべての教員が何だかの役割を担っています。

これらの業務を担うと、「テストの〇《まる》付け」は後回しになってしまうというのが実情です。そして、初めて任される担当だとやはり時間がかかってしまいます。ですから、昨年の担当者にやり方を尋ねたり、前章でも記したように、以前のデータの保存場所を聞くわけですが、その教員になかなか会えないという実情もあります。

その人も、自分の業務をもっています。教室で作業をしているかもしれませんし、担当する学年の教員たちと何だかの作業をしているかもしれません。こうなると、まずいる場所が分かりません。ひょっとすると、出張して、ほかの学校や教育センターなどへ行っている場合もあります。そうなると、その教員が戻ってきてから話を聞くことになりますので、やはり遅くなるわけです。

と、言い訳をしましたが、これは私の失敗談です。もっと上手くやる教員も当然います。

さて、みなさんであればどうしますか？

現在の答え

疑問を投げかけたまま話を終わらすわけにはいきませんから、放課後における作業について ここでは述べていきますが、やはり失敗談から入ります。

まず、授業が終わってから職員室に行きます。そこで、同学年の教師と話しながら○付けをしたり、週案（一週間の授業の予定表）を書いたり、「学級だより」を書いたりといったことを行っていました。でも、時間を区切ってやっていることではないので、延々と作業が続いてしまいました。それに、ほかの教員と話しながらやっているため集中力が途切れます。

そのうち、雑談を挟んだり、お菓子をもらったり、人に呼ばれて共同で作業したり……となるのですが、「あれ？　私がしたかった作業は何だったっけ」と思い直した段階では午後六時を回っています。それから、改めて自分の作業に取り掛かります。七時、八時、それも喋りながらなのでまた延び、九時になって、何となく疲れたので退勤となります。

「今日も長かったけど、頑張ったなー」と思う反面、「アホか、集中したら三分の一で終わるわ」とツッコミたくなります。

今は、放課後の自分の時間は「三〇分あればよし」と考えて行動しています。失敗談として記したことがすべて無駄とは言いません。なぜなら、同学年の教員と話すことでやらなければならないことが見えてくる場合があるからです。また、協同して何かをしなければならない場合もあります。

とはいえ、それらが予定されていることならいいのですが、急に入ってくるというのは困ります。ですから、逆の立場のとき、つまり誰かに協力を仰ぐ場合には、なるべく前の週のうちに次のように伝えておきます。

「すみません。運動会の表現運動について考えたいので、来週火曜日の放課後、みなさん集まりませんか」

会議を開く、協議をするというのは、他人の時間をいただくことになります。その点を、重く受け止めなければなりません。この意識が弱いため、急に「ちょっと集まって」と言って会議がはじまってしまうのです。そして、ゴールが見えないまま、四〇分、一時間と貴重な時間が過ぎてゆくことになります。

このようなことに配慮して、放課後にできる仕事を大まかにイメージします。たとえば、

「二時間かかる」とすると、この二時間を三〇分で割るのです。すると、四日が必要となります。この四日で締め切りに間に合うのかどうかと考え、ダメな場合は、一日当たりの作業時間を増やすか、ほかの人に頼むなど、別の手段を考えます。もし、ほかの人に頼む場合は、もう少し早い段階からお願いするほうがいいでしょう。

要するに、一日で終わらせようとしないのが、私のやり方です。このように放課後の時間を小分けして使えば、少しずつですが仕事が進むようになり、ほかの作業もできるようになります。

楽しい作業から

放課後にはこれをやろう！　と思いながら、なかなか手に付かないということはありませんか。私はしょっちゅうです。時間があるときに限定されますが、私は何か楽しい作業をやるようにしています。畑の草抜きや植物の世話とか、体育倉庫の整理や掃除など、体を動かしてから事務系の作業に入ると意外にはかどるのです。

私の場合、これらを一人でやっています。もちろん、誰かと一緒にやってもいいのですが、そうなると、自分のペースで進めることができません。あくまでも、自分が立てた計画をベースにして進めていきます。このような作業をやっていると、みんなには見えていないことが分かったり（たとえば、体育倉庫のラインパウダーが足りないとか、ビオトープの水草が伸びきってるとか）、その事実を誰かに伝えることができます。

時には人に頼る

自分のペースと言いつつも、常に一人でできるわけではありません。そんなときには、やはりほかの人を頼ります。そう、「お願い」をするのです。でも、ただお願いするだけだと迷惑がられます。大事なのは、お願いの仕方です。

期限に余裕をもってお願いをするというのは当然ですが、お願いをするとき、お菓子の一つ、缶コーヒーの一つでも差し上げてお願いをするのです。それですべてがうまく運ぶとは言えませんが、人からものをもらって嫌な気分になる人はいないでしょう。

そして、活動が終わったあとには、「ありがとうございます。助かりました」と言って、またお菓子か何かを差し上げるといった心遣いが重要です。

放課後の教室でやること

常に、校務分掌に追い立てられているわけではないでしょう。時には、学級事務という、自分の教室のことについて考える時間もあるはずです。この時間を有効に使うわけですが、私はこの時間に「やらない」と決めているものがあります。それは、テストの○《マル》付けです。

前述のとおり、やらなければいけないことですが、放課後の時間、自分が好きに使える時間をこの作業に充ててしまうというのはもったいないです。それは作業であって、創造的な活動ではないからです。

では、どのようなことに充てればいいのでしょうか。教材をつくるというのでもいいですし、図工の作品を教師が実際につくるというのもいいでしょう。もし、翌日に体育の授業があるのなら、実際に校庭や体育館に行って、子どもの動きをイメージしてみるというのもいいと思います。

このように、少しでも授業について考える時間を設けたいものです。本来、これこそが教師の仕事であり、面白いところなのですから。

図工の「酒井式」で有名な酒井臣吾先生[2]をご存じですか。かつて、「酒井式」で描いた子どもの絵がハプスブルグ家への献上作品に選定されて話題となりましたが、この酒井先生のセミナーに参加したとき、次のようなことを話されていました。

（２）一九三四年、新潟県生まれ。現在、酒井式描画指導法研究会主宰。著書に、『小学校の「苦手な絵」を㊙ワザで完全攻略』、『苦手な絵がみるみるうまくなる本』（以上ＰＨＰ研究所）などがある。

「現役のときね、図工の授業の前には、その授業で描かせるであろう絵を、教室にこもって五〇枚は描きました」

「筆は、常に一〇本は準備しておいた」

さすがだと思いませんか。職人魂を感じるとともに、絶対にいい絵を描かせてあげるという教師の気持ちが伝わってきます。私も五〇枚とまではいきませんが、最低五枚は描くようにしています。ちなみに、私は絵がうまくありません。でも、どんな絵を描かせようか、授業のテーマは何だったかなどを考えながら描いていると、それなりのものができるのです。それに、絵に自信がないと、苦手な子どもがどこでつまずくのか、どうすればいい絵が描けるのかが分かってくるのです。

ほかにも、教室を見わたして、時には模様替えをするというのもいいでしょう。ただし、環境の変化への対応を苦手としている子どもがいないということが前提となります。

机の配置を少し変えてみる、教師の机の位置を前から後ろに変えてみるなど、これだけでも授業のイメージが少し変わってきます。それ以外にも、私は黒板に文字を書く練習をしています。ＧＩＧＡ端末が配られたとはいえ、まだまだ黒板の登場場面が多いものです。

PHP 研究所、2008年

黒板に美しい字が書ければいいのですが、残念ながら美しくありません。だから、練習をしているのです。

だからといって、書道のように練習する必要はありません。どのような字が子どもに見やすいのか、どの場所から書くとスッキリ見えるのかなどの研究をするだけでも黒板に表れる文字や図が変わってきます。日頃から普段の授業行為を自分なりに研究して、次の授業に臨みたいものです。

ここまで放課後の使い方について述べてきましたが、次は、放課後の使い方がうまいという人の例をいくつか紹介しましょう。

放課後は職員室に行かない

教室で、黙々と仕事をされている人がいました。教室で、教科書のこと、ノート指導のことなどについてじっくりと研究しているのです。なるほど、こうすれば授業はうまくなるだろうなと思いました。ただし、やらなければならない事務作業は、人に聞くことなく、きっちりできるようにしておくことが前提となります。

こうすれば、まちがいなく自分の時間がしっかり確保できます。放課後はなるべく職員室に行かない――極端な例かもしれませんが、私も、子どもが保育園に通っているときには「お迎え」に行くためにやっていました。

この教員は、朝のうちに、必要なこと、提出が迫っているものについては手帳にメモをしておき、あとは教室で過ごしていました。そのため、教室で仕事ができるようにある程度の自己投資をして環境を整えていました。パソコンを持ち込む（当時は、一人一台の支給ではありませんでした）、プリンターやプロジェクターを設置する、これらを自費で購入して教室に置いていました。ですから、学校の機材を借りることがほとんどなく、自分のペースで仕事ができていたのです。

ほかの職員と話しまくる

打って変わって、職員室で話をしている教師を紹介しましょう。

会話の内容ですが、決して雑談ばかりではなく、自分から提案するといった内容が多かったように思います。でも、夕方の五時には家路に就いていたのです。この人がどこで自分の仕事をやっていたのかというと、休み時間や給食時間でした。指導しない時間に自分の仕事をしていたわけです。時間にしてわずか一〇分や一五分ですが、こういう細切れの時間を大事にしているという印象でした。

子どもが下校したあとも、会議前の一〇分ほどを利用して、文書をつくるという時間に充てていました。このような、ささいな作業を積み重ねたうえで、放課後にほかの教師とコミュニケーションをとっていたと思われます。

ほかの予定を入れる

夜の六時や七時にほかの予定を入れている人がいました。これも、仕事を効率的に行うためにはいい方法だと感じました。その後の予定があると、何とか時間内に終わらせようと組み立てるものです。言うまでもなく、無駄を省くことになります。そうすると、大事なことが見えてくる場合があるのです。

そのためにこの教師は、子どものノートチェック、テストの○《まる》付けといったものを放課後に回さず、授業時間内にやっていました。どのようにか？　テストであれば、できた人から提出してもらい、その場で採点をしていくのです。もし、できていなかったところがあれば、その時間内に訂正してもらいます。実は、現在、私が取り入れている方法です。小学校のテストは、中学校や高校の定期試験とは意味が違います。だから、このようなやり方もありなのです。

そして、放課後には、トレーニングジムに行く、テニススクールに通うなど、自分の好きなことをして過ごしていたようです。このような方法、頭の切り替えになっていいかもしれません。

ここで挙げた人たちに共通していたことは「八割主義」でした。仕事の完成度を、よくても八割程度にするのです。ここで言う仕事とは、職員会議の提案文書や報告文書などといった提出物、そして研究授業の指導案など校内で回覧する必要があるものです。

時には、七割、六割といった完成度で私は提出していました。ただし、期限内にです。期限内だと修正ができますし、ほかの人が意見を述べる余地もあります。となると、このスピード感はとても大切なこととなります。完璧に仕事をやろうとした結果、ほかの教員を待たせてしまうよりははるかにいいやり方だと思います。

もう、お分かりですよね。放課後の過ごし方、組み立て方を考えるだけで仕事が劇的に変わるのです。そして、当たり前のことですが、とても仕事がやりやすくなります。もちろん、学校によって違うといえばそれまでですが。でも、現在辛い思いをしている人、休職しようかなどと考えている人には、「少し勇気を振り絞って、今までのやり方を変えてみませんか」と伝えたいです。

教室の掃除

火曜日の授業も終わりとなりました。放課後の教室、どのような状態になっていますか？　多くの教師が忙しいなかでさまざまなことをしているでしょうから、片づけが行き届いていないという教室もあるでしょう。

放課後の作業の一つとして、「教室の掃除」を入れてみるというのはいかがですか。何も、大がかりなことをしようというわけではありません。子どもが帰ったすぐあとに、箒とチリトリで教室内を掃除する、これだけです。

「掃除は子どもの当番がするもの」なんて思っていませんか。確かに、子どもたちが日々掃除をする時間は設けられていますが、それは教育活動の一環として行っているものです。掃除をすることで、「自分で使った場所は自分で管理する」という狙いをもって取り組んでいるのです。

一方、教職員には「管理」という責務があります。安全に配慮した空間をつくることはもちろん、衛生面で子どもが過ごしやすい空間、視覚的に子どもが学習しやすい空間など、さまざまな側面がそれらには含まれます。となると、掃除も業務のなかに組み込んでおく必要があります。

教室は、三〇人以上の子どもが生活する場所です。「昨日掃除したばかりなのに……」と思うこともあるでしょうが、人が過ごすとやはり汚れるものです。だから、少しでもいいので日々掃除をしましょう。これについても、私の失敗談を紹介しておきましょう。

授業に保護者が入って観察するという「授業モニター」[3]が行われたときです。まだ二年目でしたが、自分のなかでは、「学校で一番好かれている先生」だと勝手に思い込んで授業をしていました。しかし、授業後、モニターに入ってくれた保護者のアンケートを見てびっくりしました。

「教室内が汚いです。私たちが立つところに埃があったり、雑巾がバラバラに掛けられていました。まずは、掃除をきちんとして欲しいです」と、書かれていたのです。

授業以前の、基本的なところを突かれてしまいました。

コンビニエンスストアなどで、常に床が白く光るようになっているのは、清潔感を醸しだすためです。私も学生時代にコンビニでアルバイトをした経験がありますが、その際、まず清掃から指導を受けました。ちなみに、東京ディズニーランドでは、「赤ちゃんがハイハイできるほどの床」を目指して、カストーディアル（custodial）が掃除を行っているようです（ディズニーランドでは、「夢を拾っている」などと表現していますが）。

ここまでする必要はないでしょうが、教室に「掃除」という作業を組み込みませんか。やることが多くて忙しいでしょうが、まさにこれを組み込むことが「教師の皿洗い」の一つになると思います。研究授業の前、指導主事の訪問前、保護者面談の前……といった特別なゲストが来るときばかりではなく、日々、掃除の時間を少しでもとれば、教室内で思わぬ落とし物に出合うかもしれません。

子どもの大切な落とし物が見つかったり、持って帰らないと翌日の遠足で困るものがあるかもしれません。また、掃き掃除をしながら机の位置を直していくという行為は、寝相の悪い我が子に布団をかけているような感覚になります。これをやるだけで、「教師としての気持ち」が再確認できるように思えます。

掃除する時間は、放課後か、子どもが登校する前の朝など、やりやすい時間を決めてください。簡単な掃き掃除だけでもいいと思いますので、少し「掃除」という作業を日常に取り入れてみましょう。

（３）教師の授業力向上を目的として、保護者が授業をチェックするものです。授業終了後、アンケートや感想を記入してもらいます。

第3章　水曜日

週の半ばです！
どんな日にしますか？

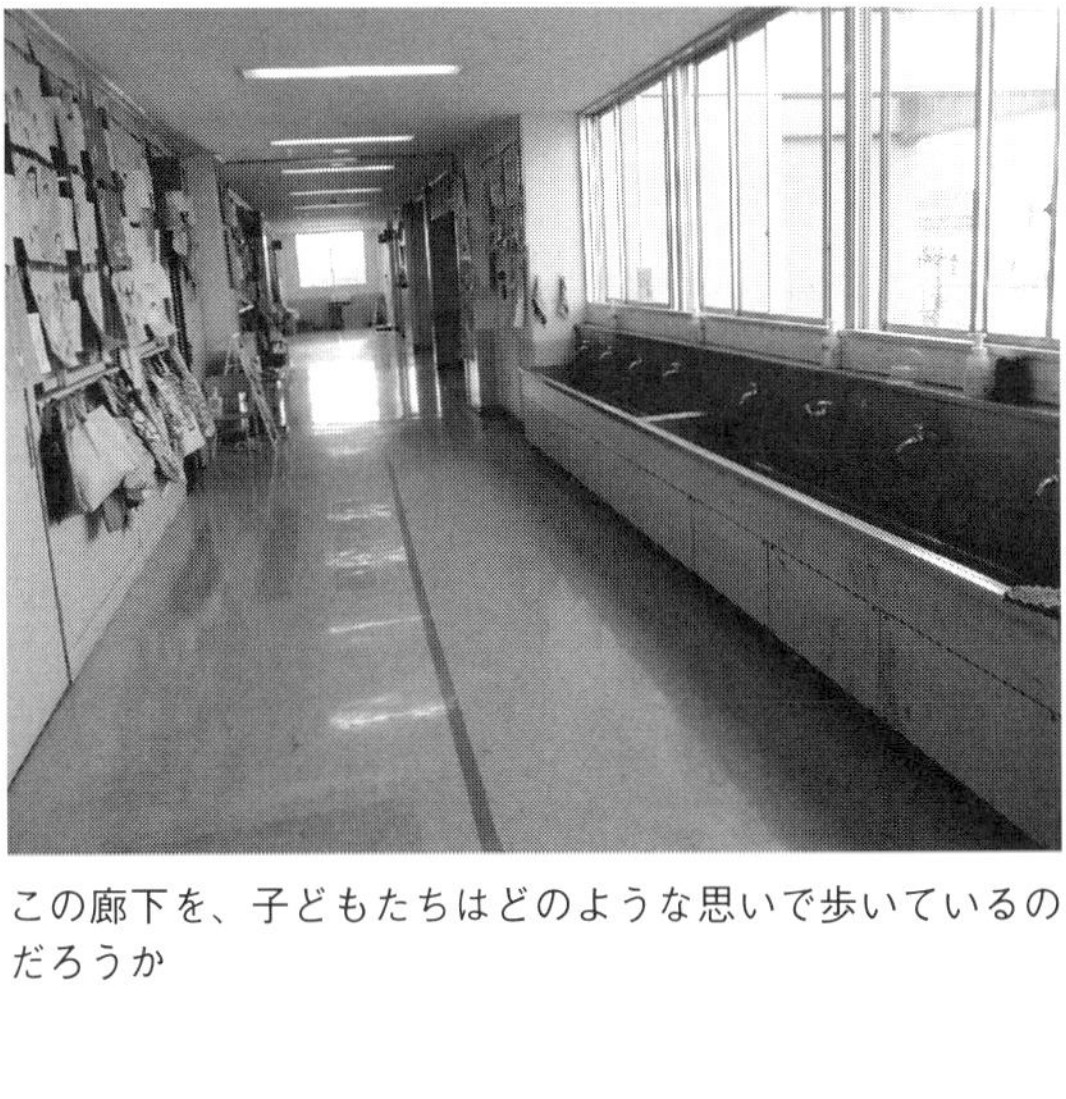

この廊下を、子どもたちはどのような思いで歩いているのだろうか

水曜日、どのような時間割を組んでいますか？　この日あたりからエンジンがかかるという子どもが多いと思います。そこで私は、「図工」を組んでいます。ここでは、図工に関する授業の様子を述べていきます。

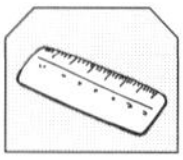

絶対に失敗させられない——人物を描く（五年生）

図工の時間に描いた作品は、教室や廊下に張り出されます。どんな絵でも、です。ですから、自分を客観視できる高学年になってくると、図工を嫌がる子どもが出てきます。要するに、うまく描けないという子どもです。全員の絵が貼り出されるわけですから、満座のなかにさらされるような感覚になるのでしょう。

確かに、残酷ですよね。だからこそ指導をするわけですが。

ほかの教科で考えてみましょう。国語や算数のテストを教室に貼り出しますか？　絶対にやらないと思います。そもそも、テストは貼り出すものではありませんが、もし全員が一〇〇点をとったら貼り出してもいいと思います。でも、やりません。実際には、八〇点のものや五〇点、四〇点のものがあるからです。かつて、「公表するようなことはしない」と先輩教師にたしなめられたこともあります。

では、なぜ図工だけはすべての作品を貼り出すのでしょうか。「図工はみんなの絵を見て楽しむから」とか「いろいろな絵があることで、見た人が勉強になるから」という意見には「なるほど」と思う反面、やはり疑問があります。

本当に、全員の絵が、授業において設定した目標どおりに描かれているのでしょうか。なかには、うまく筆が進まなかった子どもや、頭でイメージしたことが画用紙にうまく表現できなかったという子どもがいるはずです。

しかし、子どもは分かっているのです。「僕の絵はみんなより下手だ」と。だから高学年になってくると、「図工がある日には休む」と言い出す子どもまでいました。描き方を教えていかないと、いつまで経っても落書きの域を超えません。だから私も、必死で描き方の種類や教え方を学びました。

廊下に張り出されている作品

日頃から「図工は嫌だ」と言っている五年生がいました。細かい絵をテストの端やノートに書いたりはするのですが、図工の時間に描く絵は嫌なのです。図工の場合、画用紙いっぱいに何かを表現しなければなりません。小学校で配る一番大きな画用紙というと、四つ切りの画用紙です。そこに何かを描くためには、構図を考える必要があります。この「構図」という思考ができないのです。どういうことか、失敗談から述べていきます。

失敗談（五年生）

この日は、「生活のなかの一部」を絵に表現するという学習でした。生活のなかのことですから、家で料理の手伝いしているところ、習い事の習字をしているところ、部屋を掃除をしているところ、友達と公園で遊んでいるところと、選ぶ範囲が広くなります。このように広範囲な場面を設定してしまったのです。具体的には、「自分の生活のなかで好きな場面を選んで絵に表しましょう」と言いました。この発言が大失敗のはじまりです。好きな場面を自由に選択してもらうと、とても難しい場面も、簡単な場面もごちゃ混ぜになりますから、別の視点で選んでしまうことになります。

サッカーの好きな子どもが、サッカーをしている場面を選びました。サッカーでも、シュートをしている場面、ゴールキーパーをしている場面などいろいろあります。しかし、この子どもが描こうとした場面は、広大なサッカーコートを画面一面に描くことでした。それに、好きなサッカーのことですから、コートのラインの長さなどにやたらこだわりました。

次に描いたのは「ゴール」です。ゴールの網の目を描こうとして、「もうだめだ」となりました。広大なサッカーコート全面を描いたあと、そこにゴールを描こうとしたのです。そのゴールも縮尺が合っていませんから、自分で見ても大きさのおかしさに気付きます。何度も何度も消しては描いていくうちに、小さくなってしまいました。

小さくなると、ゴールの網の目というこだわりを示すことができません。それが理由で、「もう描けません」と言ってきました。でも、周りの子どもは順調に描いています。自分だけ振り出しに戻るような形となります。やり直したほうがいいことは、教師に言われなくても自分が一番分かっているのです。

ここで、「やる気０《ゼロ》」になってしまいました。

失敗をしないために

この五年生は、結局、大きなサッカーコートに小さくプレーヤーを描いて終わりました。何をしている場面かよく分かりません。お分かりですよね。図工という教科は、途中修正が難しい教科なのです。もちろん、それができる教師もいらっしゃるでしょうが。

このような失敗とならないために、私がやっていることを紹介しましょう。

❶場面を限定する――生活のなかのどこを切り取るか

「生活のなかの一部」といったテーマの場合、教科書に示されている目標や、参考作品をよく見て、人物を描く学習なのか、景色を描く学習なのか、それとも何か道具を描く学習なのかをまず掴みます。ここでは、「人物」として話を進めていきます。

人物を描く場合、生活のどの場面だと面白い絵ができるかと考えて、まず教師自身が描いてみます。たとえば、掃除をしている場面を描いてみます。「掃除」とだけ子どもたちに伝えると、面白くもなんともありませんし、ブーイングが起きるかもしれません。

そうではなくて、教師が描いた掃除の場面をいくつか見せて、それを描く意味を伝えるのです。雑巾を絞っている場面、雑巾がけをしている場面、箒で掃いている場面、ちり取りでゴミを取っている場面などです。それを見せて、次のように言います。

「今回は生活のなかの、みんながいつもやっている掃除を描こうと思います。この四つを見てください。人がしゃがんだり、座って掃除をしている場面を描くのです。しゃがんでいる脚を、工夫して描いてみましょう」

「今回はこれを描く学習をする」という考えを教師がもっていないと、図工という授業は成立しません。さらに、人物を描く学習を一歩掘り下げると、手を描く学習なのか、顔を描く学習なのか、脚を描く学習なのかをはっきりさせる必要があります。

　そのあと、箒、ちり取り、雑巾を持って、実際に掃除のふりをしてみます。体験から入る図工というのも結構盛り上がりますし、子どもたちは自分の手や脚をきちんと見るようになります。

❷まずは顔から描く――大きな顔を描くために

　子どもたちは、顔を大きく描くことを怖がるものです。指導する前には、とくに小さくなりがちです。ですから、まず顔を大きく描くことを伝えます。また、目が小さく、鼻はカタカナの「レ」のような形にする場合が多いですから、指導して人間の鼻の形

子どもが描いた作品

にしていきます。初めは、「変なの」と言われたり、「こんなの怖い」と言われたりしますが、自由帳に描くマンガの絵と図工の絵は違います。それに慣れてもらうわけです。

目、鼻、唇と、触りながら大きさや位置を確かめながら描いていきます。こうすれば、頭で描いた顔の絵が出てきます。見慣れたマンガやアニメのイメージに頼っていた部分と本物の顔との違いが分かるようになります。

とはいえ、図工ですから表現の部分が入ってもいいわけです。「しっかり見ているところを強調したかったから目が大きくなった」というのは、ＯＫなのです。むしろ、「それが表現なんだよ」と教えていきます。

立体作品――滑り台（四年生）

子どもたちは立体作品が大好きです。とくに、ビー玉が転がるような作品をつくるといった単元が大好きです。四年生くらいですと、さまざまな想像を膨らませてしまうものです。時には、想像力が豊かすぎて、画用紙、工作用紙、折り紙では表現できそうにもないものまで作品のなかに入れようとしてしまいます。ですから、手持ちの材料でどのような表現ができるのかを、教師が示す必要があります。

ビー玉を転がす坂をどのようにつくるのかとか、坂を縦にするだけではなく横にしたり、斜めにしたりする方法もあるとか、ねじる方法もあると、一つの坂でもさまざまな表現方法があることを伝えます。そのなかから、自分はどうするのかと考えて組み立てていくのです。それが子どもの表現方法になります。その表現方法を知ったうえで自分なりのやり方を出していけばいいのです。まるで守破離《しゅはり》(1)の世界ですね。

しかし、これにも次のような反論があります。

「それでは子どもの表現方法を抑制してしまう」

「教師の意図した表現しかできないのではないか」

私の失敗談と重なりますが、自由につくらせるのではなく、子どもにその「つくる自由」を与えるためにこそ、基本を教える重要性を意識して指導をするのです。右記のような反論をしてくる人と真っ向から対立することになりますが、いったい「自由」とは何でしょうか。

(1)　剣道や茶道における修業上の段階を示したものです。「守」は師匠や流派の独自な教えで、型や技を確実に身につける段階です。「破」はほかの師匠や流派の教えについて考え、よいもの、望んでいる方向へと発展する段階です。「離」は一つの流派から離れて、独自の新しいものを確立する段階となります。

私のクラスでは、与えられた枠のなかで、子どもたちが自由に、さまざまな作品をつくっています。それでも、どうしてもつくれない、自分の発想したことが作品に表現できない、といった発言を繰り返す子どもがいます。

立体作品はつくるのが難しいところも多いので、時には「どんな表現をしたいの?」と尋ねて、一緒に創作活動をしてもいいでしょう。しかし、主役は子どもです。でき上がった作品を見たとき、「僕がつくった」と思うか、「先生に手伝ってもらったけどできた」とか「先生につくってもらった」と思うかの違いです。「先生につくってもらった」と思うようでは失敗となります。


さて、話を教室に戻しましょう。

四年生がビー玉の転がる「コロコロガーレ」をつくっていました。制作活動のとき、私は教室全体を見渡すようにしています。

みんなが坂をつくっているなか、一人の男の子がエレベーターのような装置をつくろうとしていました。よく見てみると、エレベーターでビー玉を上らせて、その後、坂を転がるような仕組みをつくろうとしているのです。しかし、手持ちの部品では足りないと感じたようです。そこで、「どういうものがつくりたいの?」とイメージを尋ねて、必要とされる枚数の画用紙を渡しました。

ただし、渡しっぱなしにしないで、エレベーターをつくるためには柱が必要であること、吊り上げる部分をつくる必要があることを教えて、そのあとは子どものやり方に任せました。

でき上がった作品は、ビー玉を上らせるたびに落ちてしまいましたが、見ていた友達からは、「このエレベーターすごいね」とか「これを上ると、上から落ちてくるんだね」といった声をかけられていました。つまり、友達にも作者の意図がしっかりと伝わる作品になったわけです。

物語を描く（二年生）

ある話を聞いて、その内容を描くという学習が二年生のときにあります。低学年の図工の場合、中学年、高学年とは少し違ってきます。

「一〇歳の壁」という言葉があるように、一〇歳未満の子どもは、何か対象を見て描くというよりも、頭の中のイメージを描くことのほうが多いようです。ですから、絵の描き方も変わってくるわけです。そんな様子を紹介しましょう。

失敗談——想像力が膨らまない

誰もが知っている物語を読み聞かせて、それを描いてみました。この日は、教科書に載っている「かさこ地蔵」を描くことにしました。まず、図書室で借りてきた絵本の読み聞かせをしましたが、子どもたちは食い入るように絵本を見ていました。しかし、これが失敗でした。読み方に工夫がなかったのです。

もし、臨場感のある読み方をして、「おじいさんは寒い寒い中を……一人で歩いて帰りました」と、本当に寒そうに読んだりしておれば、その光景を描くといった子どもがいたかもしれません。しかし、工夫をすることなく読んでしまったため、ほとんどの子どもたちが、印象深い絵が掲載されている場面を描きたがったのです。

子どもが「描きたい」と言った場面ですから、「ほかのにしよう」とは言えません。前述どおり、ほとんどの子どもが地蔵におじいさんが笠をかけているシーンを描いたのです。ある子どもは、「先生、絵本を見せてください」とまで言ってきました。

要するに、私の読み聞かせではイメージがつくれなかったということです。これでは、読み聞かせの意味がまったくありませんし、学習としては失敗となります。大いに反省しました。

失敗を取り返すべく話し方を工夫し、想像力を掻き立てる

次に二年生を担任したときのことです。前回の失敗がありますから、まずは読み聞かせの練習をしました。そして、子どものイメージが大きく膨らむものにしようと、「海のお魚カプリンの話」を選びました。ストーリーはとても簡単なものです。

カプリンの話

広い広い海の底に、とってもおしゃれで、人気者の、海のお魚「カプリン」が住んでいました。カプリンは、海のいろんな魚や生き物に人気があり、いつもおしゃれな服を着ています。時には、歌も歌います。

話は、これだけです。それだけに、読み方の工夫をする必要があります。また、絵本にもなっていませんので、話術だけで子どもの頭の中にイメージをつくっていく必要があります。

二年生が想像できるように、「ひろーい、ひろーい」といったように語尾を伸ばしたり、「人気者の海のお魚……カプリン」のように、名前が出るところは少し間を空けたりしま

した。そして、描いてもらいました。

　そうしたら、基本的なお魚の形を描いたあと、尻尾から先にいろいろなものを継ぎ足していったのです。指導しながら、「どうして尻尾からこれが続くの？」と尋ねました。すると、ある女の子が次のように答えました。

「人気者のお魚だから、みんなが好きなものを持っていて、いつでもあげられるの」

　この女の子は、本屋、おもちゃ屋をつけているカプリンを描いていました。

　そのほか、歌を歌うので、鱗の端にマイクをつけているカプリンを描いた男の子や、ほかの魚が休めるようにと、休憩所を描いた女の子もいました。みんな、それぞれ想像を膨らませながら描いていました。指導している私のほうが驚くくらい、二年生の想像力に圧倒された一日でした。

体験を描く（二年生）

　遠足で「しながわ水族館」に行くことになりました。「いろいろなお魚が見られる」と言いいながら、子どもたちがとても楽しみにしている日を迎えました。

　目をキラキラさせながら「しながわ水族館」の魚を見た子どもたち。この日の体験を絵に表現してもらおうと、図工の時間に「水族館に行ったよ」というテーマで描いてもらうことにしました。ただ、場面は限定しました。みんなが水槽を見ている構図を描いて欲しかったのです。しかし、「水槽を絵の中に入れましょう」と言うだけなら、金魚鉢のような水槽になってしまうかもしれません。

子どもたちの想像力は大人も凌駕するほど豊かなのですが、頭にイメージしたことを紙に表す力はまだ乏しいものです。ですから、失敗してしまった子どもに、「どんなことを描きたかったの？」と尋ねると、とても面白い発想を語ることがあります。

たとえて言うと、罫線もマスもないノートに、赤、黄、緑といったさまざまな絵の具で虹を描くようなものです。虹そのものはきれいなのですが、ただ絵の具を垂らしているとグチャグチャになって、なんだか分からない絵になってしまいます。

しながわ水族館　〒140-0012　東京都品川区勝島３－２－１

私が学んだ「場面を限定する」というのは、何もないノートに線を入れる行為だと思います。線を描けば色分けができて、きれいな虹を描くことができます。その虹が、まっすぐ横になっているのか、縦なのか、斜めなのか、曲がっているのかは、描く人の想像に任せます。ですから、場面を限定しても、想像力や発想力を奪うことにはなりません。

さて、教室に話を戻しましょう。

子どもたちに配付した画用紙に、一本の線を引いてもらいました(下図参照)。そして、「この線のなかにお魚が入るよ」と声かけをしました

③の線を描いた子どもがいましたが、実際には、このように曲がった水槽はありません。かなり突飛な発想ですが、子どもの目には、魚が行ったり来たりする水槽がそのように感じられたということです。もちろん、それも「よし」としました。それにしても、いろいろな水槽が出てきたので面白かったです。

①

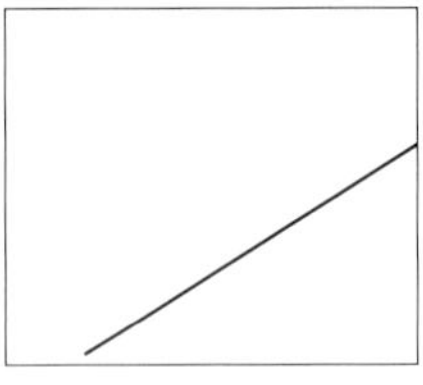

②

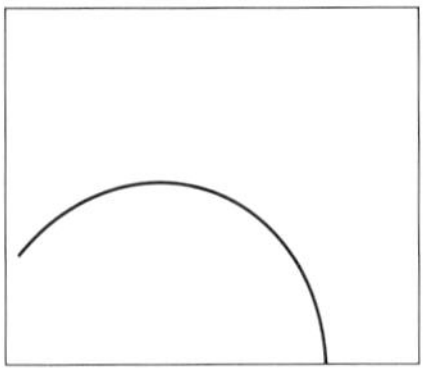

③

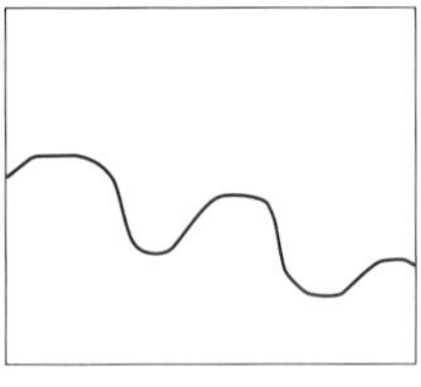

この線のどちらかに魚を描きます。そして、もう一方に顔を描いてもらいました。もちろん、ただ描くだけではなく、考えながら描いてもらいます。次のような声かけをしました。

「水槽を見ているみんなを描くんだよね」

「目はどこを見ているのかな？」

当然、「お魚」という答えが返ってくるわけですが、ここを意識するとより表情が豊かになりますし、魚を見ているのか、見ていないのかによって、絵の写実性が変わってきます。だから、「この子はそう感じたんだから」と、子どもの発想任せにしてはいけません。何をしているか分からない絵を飾られて嫌な思いをするのは子ども自身なのです。

ここで述べたのは、絵の構図に関することです。やはり、構図に関しては教師が教えないと、なかなか絵の描き方が広がっていきません。実は、これも子どもから学んだことです。頭にイメージしたものをより豊かに表現するためには、その表現方法を教える必要があるということです。そのためにも、普段からさまざまな絵を教師も観て、学ぶことが重要となります。

今度は、顔と体です。比較的、みんな顔は描けますが、体となると厄介です。その指導について、少し詳しく述べていきます。

二年生が体を描く――全身が入らないとだめ？

特別な障がいがないかぎり、人には両手、両足があり、指は五本ずつあります。当然、子どもたちは知っていますが、これらをすべて描く必要はあるでしょうか。

大人であれば、足のつま先から頭の天辺まで入っていなくてもいいと承知しています。でも子どもは、「体を描かないと」と言って、すべてを画用紙に収めようとしてしまいます。ですから、ここでも構図を教えなければなりません。教えるというよりは、一緒に考えるといったスタンスで学習を組み立ててみました。

まず、二枚の絵を用意します。一枚は、胸から上の部分が描かれている絵です。この絵は、何かを鑑賞しているところか、机に向かって何かを描いている絵でもいいでしょう。もう一枚は、全身が入っている絵です。全身となると、体操をしているところか、泳いでいるときの絵がいいでしょう。

そして、二種類の絵を見比べて、今回の水槽を見ている場面は、どちらの構図がいいかと考えます。そうすれば、明らかに全身は必要ないということが分かります。そして、足を入れる必要がないことを感じてもらうわけです。

でも、子どもは不安に思います。なぜ、足があるのに描いてはいけないんだろう、と。

そのような子どもには、「足はあるんだけど、この絵の中に入らないだけだよ。分かるかな？」と言ってあげれば納得すると思います。

このようにして、描くときには構図を考えることの重要性を教えていきます。そして、水槽を見ている人物を描いていきます。

水槽の中には、魚、イカ、クラゲなど、見てきたものが描かれています。そして、水槽の外の人物を描いてもらうわけですが、この場合も教師が指導して、ただ立って見ているのか、手を上げて見ているのか、手を水槽につけているのかなどを考えてもらいます。手を広げたり、水槽に手をついているほうが絵に表情が出て、面白い絵になるものです。

とはいえ、子どもは正直ですから、次のような反論が出ました。

「先生、手をバンザイして見なかったよ」

「そんなことしたらうるさそうだよ。水族館のなかでは静かにするようにと言われていたよ」

「水槽にはあまり手を触れないようにと書いてあったよ」

確かに、そのとおりです。だから、子どもが納得できるだけの教師のコメントを考えておく必要があります。読者のみなさんは、このような子どもたちの反論にどのように答えますか。それとも、子どもが言うとおりにさせますか？　私ならこうします。

「そうだよね。確かに、万歳をしたり、水槽に手をついて見ている人はいなかったね。でも、まっすぐ『キヲツケ』の姿勢で見ていると疲れないかな？」

子どもたちは少し考えるでしょう。そして、「確かに！」とか「大声は出さなかったけど、話しながら見てた」と言うはずです。言ってみれば、教師の願いのようなものです。それでも、「いや、キヲツケの姿勢で描きたい」と言う子どもには無理をさせません。

それにしても、いろいろな子どもがいます。このような話をしても、まだ納得しない子どもがいるのです。それで、次のように言いました。

「絵を描くのであって、写真を撮るのとは違いますね。写真だったら、その場にあったものをしっかり写さなければなりませんが、絵の場合は、描く人が何かを伝えようとして描くものなのです」

ここまで話すと、かたくなに「キヲツケ」を主張していた子どもも少し納得したようです。そして、次のようにたたみかけました。

「絵を描く場合は、事実と少し違ってもいいのです。たとえば、手が足より大きくなっていても、右手と左手の大きさが違っていてもいいのです。そこを表現したいという描き手の想いが伝わる、それが絵なんですよ」

毎年、図工を指導するときにはこのように話しています。こうすることによって、「ただ見たものを写すだけ」といった図工から「何かを伝える図工」へと、頭のシフトチェンジを促しているのです。

子どもたちが「○○を表現したい」となれば、「食べているところを表現したい。そのためには、手にこだわって描いてみたい」とか「走っているところを描きたい。そのためには、脚を大きく描いてみたい」など、教師側がねらいを定めたうえで図工という授業に臨みたいものです。第2章で述べたとおり、ねらいに沿って私も自分で描いています。

このときは水槽を見ている絵でしたから、顔の表情にこだわりました。表情を表すものは何かというと「目」になります。そのため、目が魚を向いているところや、目が大きく見開いているところを何度も描きました。つまり、練習としての絵を描いたのです。そして本番では、魚を大きな目で見ている人物の絵を描きました。自分で言うのも何ですが、とても楽しい絵になりました。

風景を描く（六年生）

「思い出を描こう」、「私たちの住んでいる街」など、図工の単元にはさまざまなテーマがあります。それらを描くとき、人物を描くのか、風景を描くのかについて考えてから授業に入りたいものです。ここでは、六年生の指導をもとに、風景を描く学習を紹介していきます。

「私たちの住み慣れた街」を、このときの学習テーマにしました。校舎の片隅、街の大通り、公園など、教科書にはさまざまな絵が掲載されています。ここでも、「自分の街の好きな場面を描きましょう」と発問をするのか、「今回は風景画です。①普段見慣れた校舎、②近くの〇〇川、③△△公園という三つのなかから描きたい場所を選びましょう！」と言うのでは、子どもたちが描く絵は変わってきます。

すでに、みなさんはお分かりですよね。場面を限定したほうが描きやすいのです。しかし、描く対象がないとこれも難しくなります。

失敗談——好きなところを描いてしまった

街のさまざまな所へ行って、自分の好きな風景を探して描いてもらうことにしました。遠足気分となるのでしょう、子どもたちはとても喜びます。当然、その場所に画用紙と筆箱を持っていくことになります。しかし、その喜びも束の間、途端に教師が対応に追われることになります。

「先生、○○さんが消しゴムを投げていた」
「先生、△△さんが公園でサッカーしていた」

　このような声のオンパレードになります。一人ひとりに注意したり、話を聞いている間に、また別の子どもが同じようなことを繰り返します。もうヘトヘトになり、図工の時間が終わってしまい、みんなを教室に集めて、今日の反省としてお説教をするわけですが、子どもたちはというと上の空です。

　それどころか、次の図工の時間を楽しみにしています。なぜかというと、また教師の目が離れたところで好き放題できるからです。そして、「先生、次は図工いつやるの？」と質問までしてきます。

　もし、このような発言を聞いて、「この日のことを反省しているのかな」と勘違いしてしまうと、クラスは大崩壊となります。今度は、ケガ人が出るかもしれません。

　もちろん、肝心の絵は仕上がりません。下書きが途中の子ども、下書きだけが終わった子どもなどさまざまです。これでは図工の学習になりません。私のみならず、多くの人が一度は経験のある「失敗」ではないでしょうか。

　教師の目の届かない所へ自由に行かせたら、子どもたちは何かしらやってしまうものです。このことを頭に入れて、私は指導を組み立てるようにしています。

失敗をふまえて――場面を三つに限定して描く

最近行った授業では、「校舎」、「新校舎」、「体育館」の三つから描く場所を選ぶことにしました。そして、学校外に行って描くのではなく、タブレット端末で撮った写真を見て描くことにしました。最新機器を利用したわけです。これによって、子どもたちの楽しみは奪われましたが……。

「風景」と言っても、アングルのなかに中心になる対象物が存在しないと、訳の分からない絵になってしまう場合が多いものです。だから、外で景色を見ながらその中心を探すというのはとても難しいのです。さらに、どこまでを画用紙のなかに描くのか、これについても風景を見ながらだと難しいでしょう。苦手な子どもだと、この時点で根を上げてしまいます。

これらをふまえて、写真を撮ってきて、それをもとに教室で描くことにしたわけです。実際にやってみると分かりますが、写真のなかの校舎を描く場合、その屋根の線がとても捉えやすいのです。事実、子どもたちは「まっすぐ、横に伸びている」と思い込んでいました。しかし、写真で見ると斜めであることが分かります。当然ですよね。人は校舎を下から見上げるわけですから。

でも、絵が苦手な子どもはこのことが分からず、真横に描きたがるのです。また、「校舎だから歪みがない」と思い込んで、定規で線を引こうともします。まったくもって、図工の学習ではなくなってしまいます。

このような「思い込み」や「頭で分かっている」子どもたちに、実際に見えているものを理解してもらうことが、図工においては一つの「関所」のようなものになると思っています。

もちろん、写真で見せてもイメージできない子どもがいます。その場合は、実際に私が描き、それを見せて理解してもらっています。

ここで示した「斜めの線」を理解するまでに二時間ほどかかりましたが、このことを理解したおかげで、画用紙のなかに校舎や体育館の建物が入るようになりました。

このアングルをどのように絵にするのかを教師が考える

放課後の職員室——評価の理想と現実

授業が終わると放課後となります。子どもたちが下校したあと、急に学校内が静かになります。毎日のことですが、教師の仕事はまだまだたくさんあります。ここでも、教師がデスクワークをする職員室の様子を見ていきましょう。

時期にもよりますが、多くの教師がテストの点数をパソコンに打ち込んだり、成績の下書きを書いたりしています。いわゆる「評価」をしているわけです。この「評価」について、私の見たことや考えを述べていきます。

評価をするわけですから、一人ひとりの子どもに対して「A、B、C」という成績を付けることになります。この評価、いったい何のために行っているのかと、考えなければいけません。読者のみなさんも、一度手を止めて、何のための評価なのかと考えてみてください。

たとえば、国語の成績において、花子さんにA評価、太郎さんにB評価、二郎さんにB評価、そして桃子さんにC評価を付けたとします。ちなみに、Aは「よくできた」、Bは「できました」、Cが「もう少し頑張りましょう」となります。

おそらく桃子さんは、国語のテストの点数がよくなかったり、漢字がなかなか覚えられなかったという子どもでしょう。では、Ｃ評価に至るまでを考えてみましょう。

当然、教師は、「桃子さんの国語力は弱いな。作文が弱いのか、漢字が覚えられないのか、それとも読み取る力が弱いのだろうか……」と普段から考えているはずです。もし、作文が弱いのであれば、

「文章が書けないのか。このプリント（教師が考案したプリント）を使えば、少しは文章が書けるようになるんじゃないだろうか」

と考えて、授業に臨むべきではないでしょうか。そして、Ｃ評価になるであろう桃子さんをＢ評価に上げるための努力をする、それでもダメだったら別の方法を考える、というのが理想ではないでしょうか。

しかし、残念ながら、職員室で行われている多くの評価は、桃子さんにＣを付けておしまいなのです。点数が悪かったからＣ、書けなかったからＣ、これでは桃子さんがかわいそうです。でも、現実なのです。教師である私も、学校で行っている評価とは一体何なのか、と思ってしまいます。確かに、学校カリキュラムを見てみると時間の余裕がありません。Ｃ評価の子どもをＢ評価に上げるための指導をしていたら、いくら時間があっても足りません。

このような現状を目にした若い教師のみなさん、とくに学生時代に勉強が得意でなかった人たちは次のように思うのではないでしょうか。

「自分は絶対、児童、生徒を切り捨てるような教師にはなりたくない。もし、できない子どもがいるんだったら、一緒に寄り添って考え、理解させるように頑張りたい」

しかし、このような理想も、時間や締め切りという壁が押しつぶしてしまいます。なぜなら、成績は「○月○日までに出しましょう」というお達しが届くからです。もちろん、そこで出した成績が子どもたちの親に渡すものとなります。

一般的には、成績を付ける時期は学期の終わりですから、「もっと前から成績を付ければいい」と思われる人もいるでしょう。その例として、三年生が四月に学習する算数の単元「かけ算のきまり」について考えてみましょう。

この単元が終わった段階で一度成績を付けたとします。二年生のときに習ったかけ算があまりできない人は、まずよい点数はとれないでしょう。四〇点、三〇点をとった子どもにもう一度理解をさせ、再度テストに挑戦してもらうことになるわけですが、現実問題として、これができる教師はいったい何人いるでしょうか。

ほとんどの教師は、テストでまちがえているところを直すだけで、先に進みます。なぜなら、そうしないと、五月に入ってからも「かけ算のきまり」をやることになってしまうからです。算数の総授業時間数は決まっています。理解できるまで一つの単元にとどまってしまうと、あとに控えている単元を一年で終わらせることができません。

また、仮に成績を四月に付けるにしても、新年度早々、放課後に予定されている作業がたくさんあります。とてもじゃないですが、そのための時間はとれないでしょう。

このような理由から、成績は学期末に一斉に行っているのです。その結果、苦手な子どもに対して再テストができないまま、成績を渡すことになってしまうのです。

教育界において「評価」そのものについて考える時期に来ていると思いますが、現状をふまえて、せめてテストでまちがえたところに関しては、「きちんと直してから子どもに持ち帰ってもらうようにして欲しい」と私は主張したいです。周りを見ていると、まちがったところに×《バツ》を付けて返しているだけという教師が多いのです。現在では、子ども一人ひとりに配る、回答がついているテスト教材も多くなっています。

「テスト直し」をする時間がないのは分かりますが、せめて正しい答えを示してあげましょう。そして、子どもが直してきたものに○《まる》を付けてあげるのです。それだけでも、十分意味のある復習となります。

評価は何のため、誰のため——時間の使い方

教師がよく発する言葉に、「評価を付ける時期は忙しい」というものがあります。国語や算数といった教科にA、B、Cという評価を付け、その根拠となるコメントを書きます。また、出席日数、クラスの係活動、実行委員など、さまざまなものを成績表に書き込んでいきます。これらを書くのが「忙しい」と言っているわけです。そして、前述どおり、C評価の子どもをそのまま帰らせています。

あまりにも「悲しい」現状です。これを目の当たりにすると、思わず「評価は何のため」と考えてしまいます。本来、評価は途中経過で出すものです。もし、C評価の子どもがいるのであれば、何ができなくてその評価になっているのかと考え、それができるようになるためには、授業のどこを変えればいいのかと考える必要があります。

仮に、話し合いの多いの授業を組んでいたとします。それで文章を書く力がついていないのであれば、話し合いを減らして意見を書く時間を増やせばいいのです。または、話し合いをするときに自分の意見を書いてから話し合うようにすれば、少しずつでしょうが書く力も上がるはずです。

評価をするときに忙しくなるのは、成績を出す際に多くの見直しがされているからです。コメント欄の文章はそのままでいいのか、係活動は合っているのか、別のことが書かれていないかなどのチェックが行われます。もちろん、一人の教師がすべてを見ているわけではありません。実行委員や委員会活動、クラブ活動などに関しては、担任以外の教師が指導することも多々あります。その場合、担当教師に様子を聞くことになります。

その際、文章のチェックをとくに入念に行っています。私が初任のころには、「編集者の作業か」と思うくらい、「てにをは」の見直しを迫られました。今でもそうですが、文章に書いて、子どもの学習の様子を伝えるというのは非常に難しいものです。ですからミスも多いですし、学校独自の言葉で書かれているため、そのままでは保護者に伝わりにくいものもあります。

このような点を修正するために膨大な時間がかかっているというのが実状です。人によっては、成績を付けるために土日をすべてつぶしているとか、「実家に泊まり込んで行っている」と話す人もいます。それだけに、成績表を書き終えたときの開放感はこのうえないものとなります。

このような状態が現実なのですが、ここでもう一度考えてみましょう。評価は何のためにあるのでしょうか？

もう少し、子どものためになることに時間を使いませんか。成績を付けるために使っている多くの時間を、授業を向上させる研修に使ったり、授業技量を高めるために本を読んだり、学習を苦手としている子どもが少しでも向上する方法を考えるために使うのです。言葉を換えれば、教師自身が成長するためにこれらの時間を使うということです。これが、私の主張でもあります。

第4章 木曜日

週の終わりに差し掛かり、子どもも気分上々

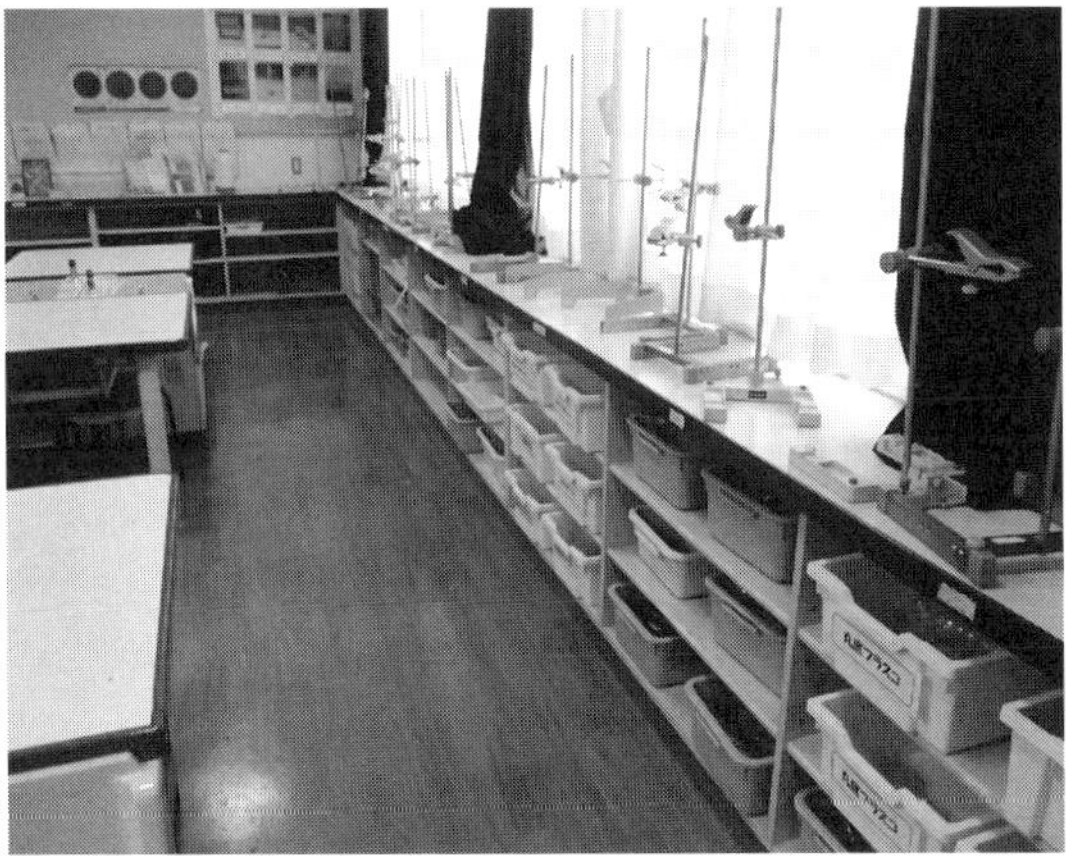

さまざまな失敗をした理科室

木曜日、あと二日頑張れば週末、と考えている子どもが大半ですが、私の経験上、不思議なことにこの日を嫌う子どもが多いです。なぜなら、この日には「あまり行きたくない習い事がある」とか「塾のテストがある」など、子どもにとって気分が「重く」なるような理由がよくあるのです。

習い事の教室や塾においては、木曜日にテストなどを設定しているところが多いのでしょうか。地域にもよるでしょうが、朝から不安そうな顔で登校してくることがありますので、この点も理解してあげるように努めてください。

さて、そんな木曜日ですが、どのよう教科を時間割に組んでいますか?

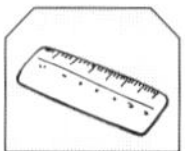

時間割の組み方

学級担任を経験した人は分かると思うのですが、時間割は基本的に担任が組むことになります。もちろん、一週間のなかで、国語を七時間（書写の一時間を含む）、算数を五時間など、組まなければならない時間数は決まっています。その時数さえ守れば、どの曜日に何を入れるのかは、担任の采配が可能なのです。

だからこそ、四月の段階で、これまで述べてきたような、「教師も子どもも辛い月曜日」、

「エンジン始動の火曜日」、「週の半ばの水曜日」といったことがイメージできるといいわけです。

人間ですから、その日その日で「やりたいこと」、「やりたくないけど仕方なくやること」、「これだけはやめて欲しいこと」などがあります。そんなことを考えながら時間割を組めば、ある程度は子どもの気持ちが酌めるようになります。

私の場合、木曜日に理科を組んでいます。本章では、理科の授業について述べていくことにします。

理科の学習

正直に言うと、月曜日に理科を組むというのはきついです。どの学年でも、実験が必要になるからです。失敗談から入りますが、理科の失敗はほとんどが準備不足によるものです。どのような失敗を私がしてきたのかについて述べていきましょう。

太陽さん出てきて（三年生）

太陽の見え方を、影を通して考えるという学習です。影はいつも同じ方向にできるのか、影は動くのか、太陽と影はどのような位置関係にあるのか――このようなことを考えると、自ずと太陽の動きに行き着きます。しかし、これがまた「教員泣かせ」の単元なのです。

失敗談

言うまでもなく、太陽が出ていることがこの学習の条件となります。ですから、雨の日や、曇りの日はできません。そこで、一週間の天気予報を確認することになります。今日は「晴れ」と出ているから、今日こそはと思って外に出たものの、なぜか雲が太陽を覆っていたこともありました。

ところで、太陽を見る場合には遮光板という道具を使います。遮光板というのは、直接太陽が見れる道具で、サングラスをとても濃くしたようなものです。これを使うと、太陽の形がしっかり見られるわけです。

このような理科で使う道具は、子どもたちを本当に盛り上がらせます。これを渡しただけで、目に当てて「見える、見える」と言っています。まだ教室のなかです。何かが見えるはずはないのですが……。

さて、遮光板を持って校庭に出ました。晴れてはいるのですが、なぜか、そのときにかぎって雲が太陽を覆っていました。待っていても太陽が出てくるという確約がとれないので、仕方なく断念し、教室に戻りました。そして、このあと二日間、このような状況が繰り返されたのです。経験のある教師なら分かると思いますが、教室を出てから校庭に出て、それから教室に戻るだけでも一〇分はかかります。つまり私の場合、このために合計三〇分以上も授業時間を無駄にしてしまったのです。このあたりが、「教師泣かせ」と言われる所以です。では、どうすればいいのでしょうか。

打開策

まず、「来週のどこかで太陽を見に行きます。その場合、ほかの教科の時間でも、太陽が見られると思ったら行こうと思います」と子どもたちに宣言しておきます。このように宣言しておくと、子どもたちから、「先生、今日は太陽見に行くの？」などと言われます。そんな声を聞くと、理科の勉強を心待ちにしている様子が伝わってきます。ただ、発達障がいの子どもがいて、急な予定変更が苦手な場合は別の手段をとる必要があります。

念願がかなって外に行きます。今日はバッチリ太陽が見られます。このようなときでも、学習のねらいはきちんと伝えます。

「太陽を見ましょう。この学習では、太陽に対して影がどこに見えるのかを観察します。何か所か選んで観察してみましょう」

このように言って校庭のさまざまな場所で観察をするわけですが、子どもたちは嬉々とした様子で太陽の観察をはじめます。

太陽や月を扱う単元の場合、天気予報や月の動きといった予測も大事ですが、このように急きょ行うこともあります。前述したように、そのことさえきちんと子どもたちに伝わっていれば対処ができます。道具を使うことが大好きな子どもたち、ペーパーテストだけでなく、このような授業でも学んでもらいたいものです。

個人面談などでよく言われるのもこのような授業です。

「学校でいろいろな実験をしてくださって助かります」

「この間、太陽の観察について家で話していました。初めて太陽をじっくり見たそうです」

学校は、実験や観察の設備・道具がそろっている場所です。太陽の観察一つとっても、家庭でやろうとするとなかなか大変です。道具を自分でつくらなければいけませんし、近くの公園まで行く必要があります。こういったことが学校ではできるのです。ですから、実験・観察は、たとえ分かっている事象でも子どもとともにやっていきたいというのが私の主張です。

そのための事前準備など、確かに教師にとっては大変となりますが、それこそ「教師の楽しさ」と捉えてぜひ楽しんでください。

雲はできるのか（四年生）

水蒸気の学習が終わったときのことです。教科書の最後に、雲をつくるという実験が載っていました。学習指導要領には、やらねばならない実験というよりも、「やってみよう」などと書かれていて、「時間があったらやるもの」として掲載されています。多くの教室では、「こうやると雲ができるんだね」などと教科書を読むだけで通りすぎる実験です。

これを見た私は、「これは面白い！　ぜひ雲をつくってみよう」と闘志が湧いてきました。教科書をじっくり読むと、次のように書かれていました。

> ビーカーに四〇度くらいのお湯を入れる。そして、ビーカーの上をアルミホイルで包み、出口を塞ぐ。それから、アルミホイルの上に氷を置く。こうすることで、お湯の湯気がビーカーの上に行き、氷で冷やされて雲になる。

失敗談

早速、必要なもの（氷、五〇〇㎖のビーカー、アルミホイル、輪ゴム、四〇度のお湯）を集めて理科室にこもって実験です。お湯をビーカーに入れて、アルミホイルをかぶせ、動かないように輪ゴムで固定してから上から氷を置きます。これで雲ができるはずなのですが、一向に雲が見えてきません。

少しお湯の温度を上げて再度やってみました。少しですが、ビーカー内で曇ったような反応がありました。おそらく、これが雲なのでしょう。理屈としては、温まって蒸発したお湯が上部で氷に冷やされて雲になるのですが、このような反応では子どもたちは納得しません。納得しないということは、「つまらない」ということです。

子どもというのは、「今日、雲がつくられる」と言ったら、あの白い雲が出なければだめなのです。つまり、教科書に載っている実験をしただけではだめだということです。教科書に掲載されている内容は、おそらく条件がしっかり整っている状態である――そう考えた私は、雲ができる条件をもう少し調べることにしました。つまり、「水蒸気が上部で冷やされて雲になる」というだけではない条件があるはずだ、と。

失敗の取り返し

このときはインターネットに頼りました。すると、サントリーのホームページに「ペットボトルで雲を作る」などという記述を見つけました（水と生きるSUNTORY ホームページ、サントリー次世代環境教育「水育」より）。

それを読むと、「上空に浮いている雲は、水蒸気が上空の塵《ちり》に巻きついて、それが冷やされて雲になっている」という記述になっていました。教科書には、「水蒸気が冷やされて」とだけ書かれていましたが、インターネット情報では「塵」が条件として加わったのです。でも、その塵をどのようにして水蒸気に絡ませるのでしょうか。そもそも塵とは、あたりにある埃やゴミでいいのでしょうか。

これについても、ちゃんと説明されていました。お線香の煙がその役になるというのです。以下がその実験方法です。読者のみなさんも、まだ経験のない人はやってみてください。

雲をつくる実験

①五〇〇㎖のペットボトルを用意する。
②ペットボトルに線香の煙を入れる。（一分間くらい）
③四〇度以上のお湯を入れる。
④ペットボトルの蓋を閉じる。
⑤しっかりと振る。こうすると、一旦煙が見えなくなります。
⑥ペットボトルをへこませる。すると、ペットボトル内が白くなります。

このような手順です。こうすると、本当に白い雲が現れるのです。ペットボトルをへこませることによってボトル内に一瞬圧力がかかり、その圧力がボトル内を冷やすようです。冷やされた水蒸気が一気に塵役の煙につき、空の雲と同じ条件ができ上がります。

何回かへこませたあと、蓋を取ってさらにへこませると、上空にポッと、一瞬ですが白い雲が浮きました。このような事前実験をしてから子どもたちの前に持っていきました。二人に一本ずつ、一八本のペットボトルを用意しました。

「今日は、水蒸気が冷やされると雲ができるという実験をみんなでします」

こう言ったときの子どもたちの顔、今でもしっかり記憶に残っています。怪訝そうな顔、どんな雲が現れるんだろうかという顔、また先生のホラがはじまったと言いたげな顔、などです。

前述したような手順を説明し、子どもたちが取り組みはじめました。そうしたら、あっちの机からも、こっちの机からも歓声が聞こえてきました。

「あ、本当に雲が出た！」

「うわ、線香くさいけど出た！」

理科室が線香の臭いで充満してしまったので、窓を開けて換気をしました。すでに寒くなっている時期でしたが、そんなことはお構いなしに子どもたちは実験を続けていました。

理科では、条件がしっかりそろわないと、想定している結果が現れないことが多々あります。図工のところ（第3章参照）でも述べましたが、理科の実験も、ある意味で「失敗が許されない」のです。よく、「失敗しても、その失敗の原因を考えればいいんだ」と言う理科の専門家がいますが、失敗してしまうと子どもたちは理科から離れてしまいます。つまり、「どうせ、やってもできない」という思考になってしまうのです。

また、実験においては、教師だけでなく子どものほうの準備も結構大変なものとなります。先の実験のように、お湯を準備したり、線香に火を点けたりするわけですが、「なんでこんなことをするのか」と思いながら取り組んでいる子どももいるのです。それだけに、結果が見える形を残す必要があります。でないと、「なんだ、こんなもんか……」という感覚に陥ってしまうのです。

繰り返しになりますが、だからこそ教師の事前実験が必要なのです。まずは教科書どおりの実験器具でやってみるわけですが、このときに教師自身がしっかりと条件を勉強します。そして、不足している条件はないかと考えます。

先に挙げた例の場合、事前実験をするのは放課後の一六時以降となります。遅いときには一八時くらいになりました。となると、時期によっては理科室の気温が低くなります。しかし、子どもたちが実験をする時間は、もし三時限目とか四時限目だとしたら、一日のなかでも気温が高い時間帯となります。もうお分かりですよね。これだけで条件が違うのです。

このようなことからも結果が変わってくる場合がありますので、注意が必要です。だから私は思います。理科の授業こそ、教師が汗をかいた分だけ子どもが楽しくなる、と。

ミョウバンの結晶をつくるはずが……（五年生）

五年生では、塩とミョウバン（硫酸アルミウムカリウム）のお湯に対する溶け方の違いを観察するという授業があります。ある温度に達すると、溶ける率がぐっと上がるのがミョウバンです。そのミョウバンを冷却すると結晶ができる、という実験です。そのとき、道具に関する失敗をしてしまいました。

失敗談

「道具を子どもたちが自分で準備するから、理科が楽しくなるんだよ」

といった言葉を先輩からいただいた私は、「そうだよな。五年生なんだし、実験器具をすべて先生に準備してもらっていたら実験と言えるか！」などと考えていました。このように考える時点で「甘い！」と言えます。

実験器具を自分で準備する——これができる子どもは、かなり理科の学習で鍛えられていると思います。おそらく、全国に向けて公開授業をするような国立大学の附属小学校の子どもたちでしょう。そんなことも分からずに、また自分のクラスの実態を考慮せずに準備をしてもらうというのは、なんとも恐れ多い話です。結果は言うまでもないでしょう。

まずは、何がどこにあるのかを知ってもらってから取り組む必要があるわけですから、担任がくどいぐらいに道具の置いてある場所を説明しなければなりません。この時点で飽きてしまう子どもがいますが、それでも構わずにどんどん説明を続けていきます。言うまでもなく、説明をしておかないと危ないからです。

そのうち、気の早い子どもが道具を取りに行こうと席を立ってしまいます。こうなると、もう最悪です。よく事故が起こらなかったものだ、と今は反省しきりです。このような指導、どうすればよかったのでしょうか？

今はどうしているのか

現在は、放課後の理科室から準備をはじめています。まずは理科室を見ることからです。

なぜかというと、その場でしか分からない情報があるからです。その情報によって、実験が成功したり失敗したりするのです。そこで行うのは、教科書どおりの実験、つまり事前実験です。

　これだけでも結構あたふたするものです。必要な道具は準備できているか、条件は合っているのかなど、チェックすることが結構多いのです。ここでは、下の学年となる四年生の理科を例に挙げて話していきます。

　四年生では、「空気と水」という単元があります。空気と水のどちらが膨らみやすいのか、縮みやすいのかを実験するわけです。

　事前実験では、うまく空気も水も膨らんで、膨張率のよい空気との差が歴然としていたのですが、いざ子どもたちと実験すると、空気は膨らんだのですが、水のほうはまったく反応しなかったのです。おかしいなと思って、もう一度温める温度を確認してから行ったのですが、やはり反応しませんでした。

　こうなると、子どもたちは騒がしくなってきます。一旦そこで実験を打ちきりました。これ以上やっていても仕方がないと思ったのです。そして、この日は、空気の反応をノートにまとめて理科室から退散しました。

残念ながら、授業時間中に水がなぜ膨張しなかったのか、その原因を突き止めるだけの時間はとれません。だから、後日リベンジするしかありません。

その日の放課後、もう一度理科室にこもって実験をしました。そうしたら分かったのです。原因はお湯でした。放課後にやったときには、その場で沸かしたお湯を使っていましたが、子どもたちと実験したときには、事前に沸かしていたお湯を魔法瓶に入れておき、それを使っていました。魔法瓶の中で、少し温度が下がってしまったのです。

これには気付きませんでした。やはり、事前実験においても、まったく同じ条件でやってみなければならないという勉強になりました。次の実験では、「仕込みをしてくるから待っていてね」と言って、子どもたちよりも一足早く理科室へ行き、お湯を沸かして、みんなに配れるようにしておきました。

沸かし立てのお湯でやったら大成功！　二つのフラスコを並べて、片方は空気、もう一方には水が入っています。二つをお湯につけると、空気のほうはすぐに膨らむのですが、水のほうはゆっくり膨らんでいく様子が見られます。この実験で水と空気、どちらが膨らむのが早いのかは一目瞭然です。子どもたちも、とても面白がっていました。

ちなみに、塾の学習において知識としてすでに知っている子どもも、この事実を目の前にして、より理解を深めたようです。

給食の食べ方

四時限目に行った理科の実験、大成功でした。幸いにも、時間どおりに終わりました。興奮が冷めないまま教室に戻ります。待っているのは、楽しい給食の時間です。

ところで、読者のみなさんは、給食についてどのような考え方をされていますか。たぶん考え方が分かれるところだと思いますので、私と対話をしながら読んでいただけるとうれしいです。

どのように給食時間をとるのか？

まずは、「落ち着いて食事をしたいものだ」と思いませんか。とくに忙しい教師という仕事、さまざまなトラブルが起こります。「なんで、こんなことするんだろう」ということも日々起こっていることでしょう。それだけに、たまには落

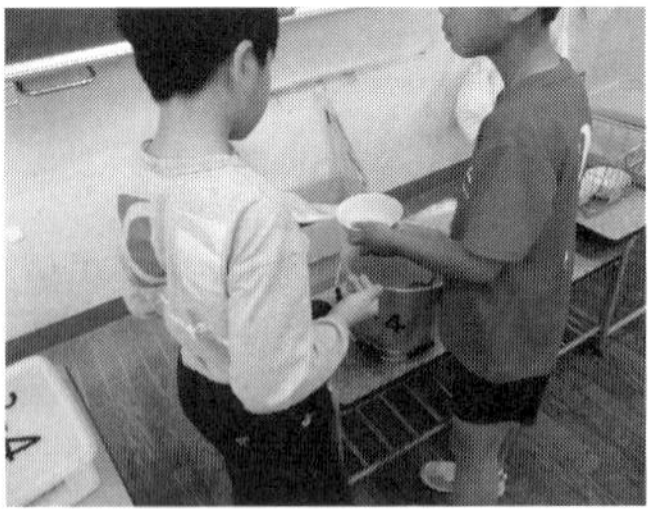

お代わりをする子ども

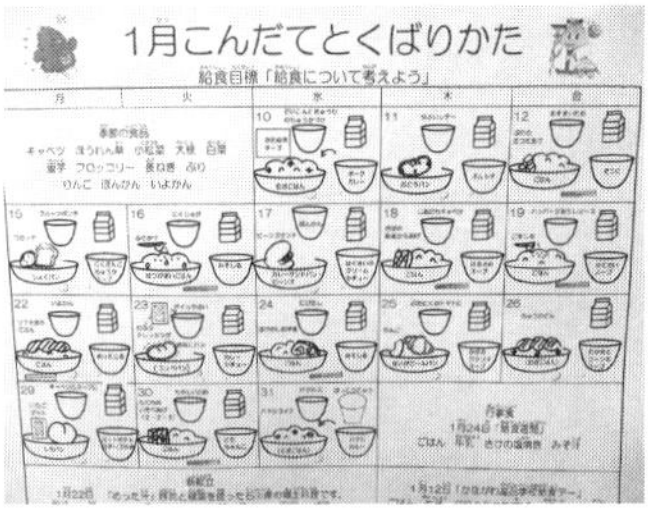

こんだて表

ち着いてきちんと食事をしたいものです。

だからこそ、時間が大切になってきます。要するに、時間が削られることがよくあるのです。授業の終了時間が迫ってきても、「授業が大事。時間は二の次」と捉えて、五分、一〇分と長引いてしまうときがあります。これが四時限目だと、あとの給食に影響を与えてしまいます。

食堂行けば食べられるという状況であれば多少展開が違うと思いますが、公立学校の場合は、子どもと教師で準備をしなければなりません。授業が長引くと、準備のときに焦り、こぼしたり、落としたりといったさまざまなトラブルが起こります。給食の時間が一気に「地獄」と化すわけです。

それゆえ、四時限目の終了時間は絶対死守したいです。平静な状態で準備をし、食事時間となる二五分〜三〇分を確保するのです。この時間が確保されれば、落ち着いた食事ができるはずです。

私が勤めている川崎市の小学校では、給食のあとに掃除を行っています。給食の時間が遅れると掃除が遅れ、掃除が遅れると五時限目の学習が遅れます。すべてにおいて良いことがありません。ですから私は、四時限目の終了時間は絶対守りたいですし、むしろ早めに終わってもいいと思っています。みなさんは、どのように思いますか？

嫌いな食べ物は、食べさせる？　残させる？

読者のみなさんには、嫌いな食べ物がありますか？「嫌い」というなかにも、見るのも嫌だ、我慢すれば食べられる、好きではないけど「食べろ」と言われたら食べられるなど、さまざまな段階があります。

「見るのも嫌だ」という場合は、生理的に受け付けない可能性があります。これを、根性論や「成長に役立つから」などという勝手な理論を振りかざして食べさせるというのはどうでしょうか。それに、成長に役立つという理論は本当なのでしょうか。

一日三食とっていれば、給食は三分の一の食事となります。給食のおかずの一品を食べなかったからといって、本当に成長の妨げとなるのでしょうか。さらに、嫌がる子どもに無理やり食べさせるという行為に何の意味があるのでしょうか。このような強制が理由で不登校になる子どももいるのです。

これらの疑問に対して、明確なルールはありません。そのため、自問自答するしかありません。私の場合、どうしても無理やり食べさせるというのはできません。「残すのもあり」としか言いようがありません。

このように言うと、「SDGs の観点からもよくない」という反論が出てきます。それにも反論したいです。そもそも給食は、大勢で同じものを食べるという時間です。個人個人の食の好み、また食べられる量は考えられていません。今の日本社会のなかで、七〇〇人規模の人数が同じものを食べるという機会がどれほどあるのでしょうか。学校と刑務所くらいでしょうか。なぜ、同じものを同じ時間に食べなければいけないのでしょうか。

こうように考えると、SDGs の考えは各家庭で食材を買うときに発揮すべきだと思います。「うちは三人家族だし、子どももあまりたくさん食べないからこの程度でいいかな」と、必要な量を考えて買い物をすれば食品ロスは防げます。SDGs に沿って論議をするのであれば普段の生活を見直すべきであり、給食の残菜を減らそうとか、「完食賞」を目指そうというものではないでしょう。

残すのは悪なのか？

もし、給食で残すことに罪悪感を抱くようであれば、以下のような場面について考えてみてください。

飲み会、運動会の打ち上げ、研究授業の打ち上げ、学年の打ち上げ、などといった行事が教育界にはたくさんあります。これらの打ち上げは、大抵どこかの居酒屋でやっているはずです。そのとき、全員が食べ切れる量を考えて注文していますか？

いざ料理が運ばれてくると、意外にも量が多かった、口に合わないなどといった声が聞こえてきます。こんなとき、「食べなきゃだめだよ。もったいない」とか「行儀悪いぞ」などと言っていますか。もし言ってしまうと、即座に座が白けるでしょう。すると、残すことになります。

次に、結婚式の披露宴です。たいそうなご馳走が出ます。この場合も、来賓が好んでいるかどうかは聞かれずに用意されています。さて、どれくらいのお皿がきちんと空になるでしょうか。

魚や肉がたくさん盛り付けられている料理は、食が細い人にとっては辛いものです。でも、来賓がどのような人かは関係なく一律に用意されて出されます（アレルギー対応などの例外あり）。そして、残されてしまいます。このとき、宴会場のスタッフが「残してはだめです」などと言うことはなく、さりげなくお皿を下げていきます。

これらの食事は、自分の意志とは関係なく提供されたものです。不特定多数を対象にして提供される食事について、残すことは本当に「悪」なのでしょうか。学校給食の指導をする人は、誰であれ、このことについてもう一度考えたほうがいいと思います。

私は食べ物の好き嫌いがありません。親に何でも食べさせられて育ちました。しかし、それを強要しようとは思っていません。私の場合は、たまたま「生理的に受け付けない食べ物」というものに出合わなかっただけなのです。

先にも述べたように、どうしても受け付けない食べ物というものがある人もいます。その人に対して、「私が食べられたんだから食べよう」、「みんな食べているから」、「つくってくれた人に失礼だから」といった理論は成立するでしょうか。また、食べさせることが本当に子どものことを思っての行為なのでしょうか。この点についても、給食指導をする人は考えていただきたいと思います。

残し方の指導

ところで、残し方について教えなくてもいいのでしょうか。残すことを「悪」と考えてばかりいると、このような面が見えなくなってしまいます。

今日はどうしても体調が悪い、これだけは本当に食べられない、このようなものに出合ったときの言

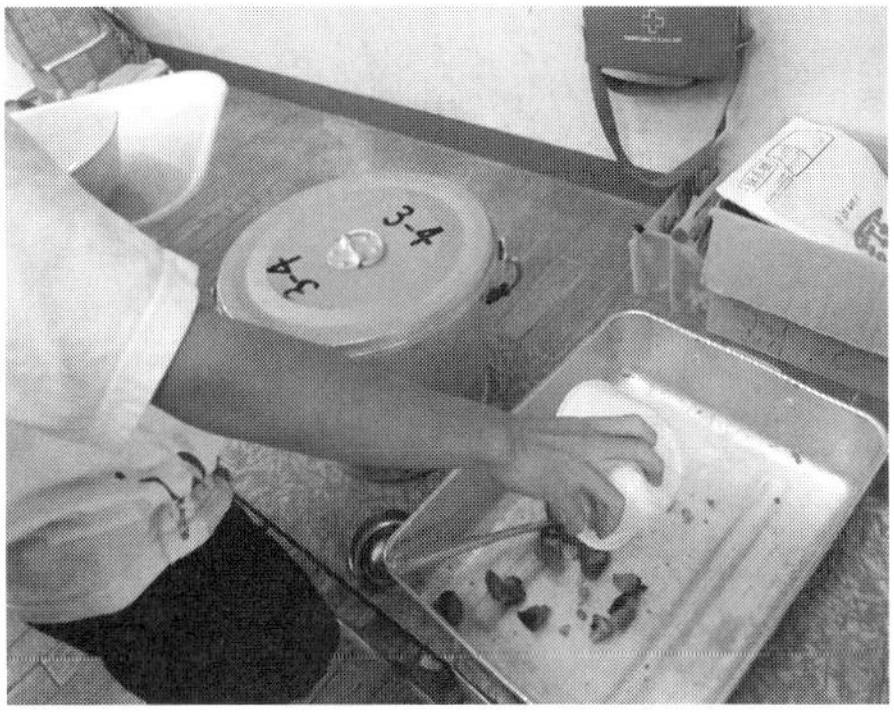

食べられないものは、迷わず残す

い方や理由をどのように伝えればいいのでしょうか。このあたりの指導こそ、社会に出てから役立つと思うのですが、いかがでしょうか。

常に体調がいいときばかりではありません。また、大人になってから食物アレルギーが発症するという人もいます。そうなると、本当に食べられなくなってしまうのです。それらのものを、「上司にすすめられたから食べなくてはいけない」とか「取引先との大事な食事だから」という理由で無理に食べてしまい、その後、体調を崩してしまったら元も子もありません。

このようなとき、「お気持ちはありがたいのですが、○○は昔から食べられないんです。みなさんで食べていただければと思います」と言えば、相手に対して自分の情報をきちんと伝えることができます。

誰でも苦手なものがあります。その情報を開示して、人と付き合うというスタイルも大切な社会人の教養となります。

清掃指導

前述したように、私の勤務校では給食のあとに清掃を行っています。一部の地域では、清掃をしてから給食をするという学校もあるようです。ここでは、清掃について述べていきます。

三〇人以上が過ごしている教室がどのような状況になっているのか、常にチェックをしていますか。毎日掃除をして帰る、というのは難しいでしょう。一つ、勘違いをしてはいけないことがあります。あくまでも管理者は教師ですから、教室が汚れていたり、ゴミが落ちている様子を、「子どもがきちんと掃除をしないから」と決めつけてはいけません。では、どのような管理をすれば教室をきれいに保つことができるでしょうか。また、どのように声をかけたら、子どもたちは教室をしっかりと掃除してくれるでしょうか。

まず、子どもたちが掃除をするとき、教師は何をしているのでしょうか？　手に何を持っていますか？　それぞれの学校の事情、クラスの事情もあるでしょうが、掃除のときは、やはり子どもと一緒にしたいものです。子どもにとっても、「先生が一緒にやるなら」という気になるでしょうし、

清掃道具入れ

もし教師が子どもたちの様子を見ているだけだと、「先生はいつも掃除をしなくていいなあー」と感じることでしょう。

さらに、掃除の時間にテストの〇《まる》付けなどといったほかのことをやっていると、「何で掃除を自分たちに任せるんだろうか?」となるでしょう。そのような状況だと、いくら「自分たちで使ったところをきれいにしよう」などと言っても、子どもたちが耳を傾けることはないでしょう。

子どもにとって、掃除はつまらないものです。しかし、自分の使ったものや場所をきちんと片づける、次に使う人のためにきれいにしておくといったことは、社会で生きていくうえにおいて重要なことです。だから、掃除という行為が学校生活に組み込まれているのです。となると、掃除を楽しく行う方法を考える必要があります。

小学校三年生より下の学年であれば、「すごい、雑巾が真っ黒になったね」とか「山のようにゴミが取れたね」などと教師が声かけをしてあげれば、「私のほうがすごいよ」とか「僕も見て」と言ってどんどんやり出すものです。このような声かけも、教師自身が掃除をやりながら言う場合と、やらずに言うのとでは効果が違ってきます。

前述したように、教師が一緒に掃除をやっているというだけで子どもにはやる気が出ます。にもかかわらず、まるで監視役のようになってしまう理由はなんでしょうか。

もちろん、子どもですから、掃除をサボってしまったり、怠けてしまう場合もあるでしょう。その子どもたちに目くじらを立てて叱ったところで、何か進歩はあるのでしょうか。その子どもが、果たして掃除をやらなきゃいけないという気持ちになるでしょうか。

目くじらを立てて怒るよりも、すでに掃除をしている子どもを褒めるほうが効果的だと思います。そのほうが、教師の気持ちも心地よいものとなります。もちろん、教師と子どもの人間関係にもよるでしょうが、サボっている子どもにしても、褒められている子どもがいると羨ましく感じるはずです。ですから、きちんとやっている子どもを褒めさえすれば、掃除をやりたくなるはずです。

学級通信などで「時間いっぱいまで一生懸命掃除をしていました」とか「廊下の隅々まで丁寧に掃除をしていました」などと紹介すると、保護者も喜びます。このような取り組みを広げれば、サボることができなくなります。掃除については、叱るよりも褒めて子どものやる気を伸ばしていきたいものです。

放課後の作業について

毎日必ずある放課後、みなさんはどのように過ごしていますか。これまで述べてきたように、教室や職員室で過ごしている人が多いでしょうが、実はそれ以外の場所で作業をすることも可能なのです。ここでは、そんな風景を紹介していきます。

植物の手入れ

私がよく取り組んでいるのは畑での作業です。大抵の学校には「学年園」という畑があります。各学年で育てる野菜やつるものの作物（アサガオ、ヘチマ、ひょうたんなど）を年度当初に植えています。忙しさにまぎれて、植えっぱなしになっていませんか。これらの手入れをするのです。とくに、雑草抜きはいつでもできます。言うまでもなく、常に生えてくるからです。

職員室で行うことは基本的に事務作業となり、運動不足となります。しかし、このような作業をすれば必然的に体を動かしますので、いい運動にもなります。

もし、すでに雑草抜きは終わっているという場合は、校舎の中に置かれているパンジーやビオラなどの鉢植えの手入れができるでしょう。花びらや葉っぱが茶色になっているものをハサミで切り取っていくのです。こうすると、残っている花が元気になります。

このような作業を、「誰かから言われたから」ではなく、自分から進んで行うのです。先に言ったように、運動にもなりますし、植物は手入れをしなければ育ちません。また、定期的にやろうと思ってもなかなか難しいという日々が続いているはずです。ですから、事務作業がひと段落ついたとき、または「やることがない」という日にこのような作業をしてみてください。結構、楽しいですよ。

体育倉庫や教材室の整理

普段、この作業もなかなかできません。心の中で、誰かがやるだろう、と思っていませんか。半年に一回は「備品点検」として、公費で購入している教材などについて、「元の場所に戻っているか」とか「壊れていないか」などの確認作業が教師に求められていますが、半年に一回だけの整理だと、めちゃくちゃになっている場合があります。

そこで、先ほどと同じく、ここの整理も放課後の作業リストに入れておくのです。まずは、体育倉庫

珍しく整理されている体育倉庫

からのぞいてみましょう。

ほとんどの場合、体育倉庫は整理されていません。体育の学習をする場合、理想となるのは準備や片づけも含めて授業時間に入っていることです。しかし、時間ギリギリまで体育の授業をされる教師が多いものです。ましてや、体育が四時限目であったり、一日の最後となる六時限目となると、給食や帰りの支度などもあって時間の余裕がありません。

そうなると、体育道具をきちんと倉庫に戻せません。とりあえず倉庫に入れておいて、子どもたちを速やかに教室に行かせる、これが精いっぱいでしょう。そして、放課後に片づければよいなどと考えていると、これまで述べてきたように、放課後には別の案件が次々と入ってきます。すると、体育倉庫はそのままとなります。

これを何日も繰り返していくと……もうお分かりですね。体育倉庫が悲惨な状況になってしまうのです。

これを整理するのです。私がこれまでに見た一番ひどい状態は、ハードルやコーンが入り口に積みっぱなしになっていました。思わず、次にどうやって使うのだろうかと頭を抱えてしまいました。とくにハードルは重たくて大きいですから、これが積まれていると、それ以上奥に入れません。ハードルについては、置き場所も大切ですが、ハードル運搬車に乗せておくことをおすすめしたいです。

もし、ない場合は予算で購入してもらいましょう。これさえあれば、重くて運びづらいハードルもきちんと積めますし、キャリーが付いているので、何十個ものハードルを一度に運ぶことができます。私も、これまでの勤務校になかった場合は買ってもらいました。

それから、ボールです。大抵の場合、ボール籠に入っているものですが、散乱していると足場が悪くなり、ほかの教材を自由に出すことができません。もちろん、ボール籠に入れるわけですが、どういうわけか、その籠からはみ出すくらいの量があるのです。このような場合、古いボール、穴が空いているボールは処分します。

「もったいない精神」があるからでしょうが、結構な量のボールがとってあるものです。なかには、ガムテープで補修したようなボールもあります。ボールは子どもが使うものです。そして、投げたり、人に当てたりします。壊れかかっているものをいつまでも使うというのは危険です。外側が破れたものを使っていると、切れ端が目に入ったりするというリスクもあるのです。

そんな危険な状況を野放しにしてはいけません。予算できちんと新しいものを購入してもらい、古いボールは捨てましょう。

このようにして、体育倉庫をきれいに保つのです。ここが整理されていないと、授業のとき、教材を出すために子どもたちを待たせることになります。想像してみてください。

大抵の場合、教師の目が離れたときにトラブルやケンカが発生するのです。

また、手づくりの教材で、すでに使っていないものもよく見つかります。そうようなものを自分だけの判断で処分することが難しければ、先輩や体育部会の教師に相談するのです。そうすると、「こんなに忙しいのに、体育倉庫の整理までしてくれたの。ありがとう」と感謝されるはずです。これだけでも、仕事のモチベーションが上がります。

体育の手づくり教材について

少し視点を変えて、前述した体育の手づくり教材について考えたいと思います。算数でも天秤を手づくりしたり、理科で日時計のようなものをつくって学習に役立てています。しかし、体育に関しては、子どもが体を動かして、飛び越えたり、乗ったりする運動となりますので、できるかぎり手づくりの教材は控えて、既製品を使って欲しいです。

私が知るかぎりでは、横浜市において、手づくり教材で高跳びをしていた小学六年生が失明してしまうというニュースが流れていました（Yahoo! ニュースより）。このような痛ましい事件が起きた理由は、園芸の支柱を缶の上に立てたような手づくり教材を使用し、支柱と支柱の間にゴムを通して高跳びの道具をつくっていたからです。これでは、ゴムに引っかかったときに支柱が倒れてしまいます。このときには、倒れてきた支柱が子どもの目を直撃したということです。

既製品の棒高跳びを使っていれば支柱が倒れることはなかったでしょう。もちろん、安全基準を満たしたものが販売されていますから、安心して使用できます。私は、このニュースに触れたあと体育部会で提案をし、手づくりの体育教材を体育倉庫から処分しました。忙しいみなさんが活動の幅を少しでも広げようと思って手づくりをしたわけですが、やはり安全第一です。お金をかけてでも、安全な方法をとるべきです。

万が一、手づくり教材をつくる場合は、くれぐれも安全面に十分配慮してください。

これまで、木曜日に放課後の作業として取り入れることが多いものを記してきました。みなさんはどうですか？　学校という場所は、無限とも思えるほどの作業があります。ここで紹介したような作業は、もしかしたら用務員の方がやってくださるかもしれませんが、子どもたちが使う場所なので、確認も含めて教師も作業をして欲しいです。そうすれば、さまざまな発見があります。

先日発見したのは、ビオトープでアメンボが溺れかかっていた姿です。アメンボとは、水面を自由自在に動き回る昆虫です。それが溺れかかって、苦しそうにもがいていたのです。なぜでしょうか？

とりあえず、そのアメンボを土の上に上げました。なぜ溺れたのか、と調べてみました。アメンボは、足に油の膜のようなものを出して水面に浮いているようです。この油がないと溺れてしまうのです。

私が発見したとき、池のそばに台所洗剤の容器が転がっていました。わずかですが、そこから洗剤が漏れて池に入っていたのです。その洗剤が、アメンボの足の膜を取り去ってしまったのでしょう。こんなちょっとした発見も、ネタとしてもっておいて、何かの折に話せば子どもたちは興味をもつようになります。

このようなことをしていると、木曜日もあっという間に終わってしまいました。さて、あと一日です。明日の金曜日、これまで以上に気を引き締めていきたいものです。

第5章 金曜日

子どもが大好きな体育をしよう

入学式や卒業式にも使われる体育館

金曜日です。この日は、「みんなに楽しい思いをしてもらって帰宅して欲しい」と常々思っていますが、みなさんはどうですか？　「一週間楽しかった。先生、来週もまた来るね」と言って帰る子どもたちの笑顔が見たいものです。そうなれば、「不登校」なんて起こらないような気がします。とはいえ、ご存じのように、さまざまな要因が理由で不登校となる子どもが増えています……。

本章では、「体育」の学習について述べていくことにします。これまでお読みいただいたみなさんにはもうお分かりでしょうが、体育でも私の失敗談がふんだんにあります。失敗して擦り傷だらけ、いや、傷が化膿して悪化したという失敗の嵐です。

平日の最終日、ご自身が体験されたことをイメージしながら、お付き合いください。

楽しく体育をしたい

校庭に出て、子どもが自由に体を動かすような楽しい体育をしたい——教師になったときから思っていたことです。しかし、いざその場になると、「ああ大変だ！　できれば体育はやりたくない」と思ってしまいました。この感覚、いったい何が違うのでしょうか。その点について考えてみましょう。

着替え

学校によって、「着替え」への対応は違っていることでしょう。低学年は男女一緒に着替える、五年生以上は男女に分けて着替える、全学年とも男女別に着替えている、といった対応をされているのではないでしょうか。

いずれにしろ、困ったことが起こります。担任の目が離れる瞬間が必ずあり、その間、子どもたちは無法状態になってしまうのです。当然、ケンカや言い争いといったトラブルが起こりやすくなります。できることならば着替えをスムーズに終わらせて、いち早く実技に入りたいものです。

私が勤めている学校の場合、すべての学年において教室をカーテンで仕切り、男女別に着替えていますが、やはりさまざまなトラブルが起こっています。カーテンを開けたら、男子が鼻血を出して泣いていた、赤白帽子がなくなっていた、靴下がなくなっていた、などです。

着替えをする前に、子どもたちにきちんと話しておく必要があるようです。たとえば、話をしながら着替えるのか、それとも話さずに素早く行うのか、「どちらが正しいでしょうか？」と話しておくだけでも、子どもたちは「話さずに着替えよう」と考えるものです。

とくに真面目な子どもほどそうします。すると、それにつられて、「先生の言ったとおりにしなきゃ」と考える子どもが現れ、着替えが素早く行われるようになります。

また、低学年の場合は、着替えが終わるたびに褒めています。

「すごい、○○さん、着替えいちばーん」などとみんなに聞こえるように言うと、やはり一番を取りたいという子どもが現れ、進んで着替えるようになります。ちょっとした声かけで、おしゃべりをすることなく着替えるようになるのです。

私は行っていませんが、教師によっては、タイマーで着替えにかかる時間を計測し、「新記録を目指そう！」と言って指導をしていた教師もいました。これも、有効な手段の一つだと思います。

移動するとき

校庭や体育館に移動するとき、まず何から行いますか？　私の失敗談から紹介します。

初任のときは二年生の担当でした。教室から校庭までがとても近かったので、すぐに子どもたちを校庭に出したいと思い、次のように言いました。

「着替え終わった人から校庭へゴー！」

このように言うと、子どもたちは「やったー！」と言って喜びます。

多くの教師は、この時点で、まず「並ぶように」と言っていることでしょう。そして、並んでもらうとき、なにがしかの叱責が絶えないでしょう。それをやめて、先ほどのような声かけをしたわけです。一見すると自由な感じがしますので、子どもたちは喜びます。しかし、このような声かけの結果、どのようなトラブルを生み出してしまったのか……。子どもたちも、当時の私も想像できませんでした。

まず、子どもたちは廊下を走っていきます。当然、転ぶ子どもが出ます。転んだ子どもを保健室に行かせたり、ケガの状態がひどい場合は担任が連れていきます。そうなると、ほかの子どもに目が届きません。「やりたい放題」という状態のでき上がりです。

「先生、○○さんが叩いてきた」
「先生、○○さんがぶつかってきた」
「先生、○○さんが石を投げてきた」

こんなトラブルのオンパレードです。すでに体育どころじゃありません。保健室の先生に事情を説明する、子どもたちに話をする、ケガの状況によっては、保護者に電話連絡をしなければなりません。日中につながらなければ放課後に電話をするわけですが、すぐにつながるとはかぎりません。夜の七時、八時くらいになって、ようやくつながるという場合もありました。

考えてみれば、「着替えた人は廊下に並びます」という声かけだけで防げたことです。本書の原稿を書いている今も、「いったい何をやっているんだ、自分は！」と、基本ができていなかった我が身を情けなく思っています。

さて、時は経ちました。現在の私がどのような対応をしているのかについて述べていきます。

「着替え大将○○さん見つけた！　すごいなー」

着々と着替え、さっと体育着になる子どもがいます。そういう子どもに対して、「着替え大将○○さん見つけた！　すごいなー」と言って褒めています。もし、学級通信を出しているなら、そのことを書けば次々と「着替え大将」が登場し、体育の日、「先生、僕が今日着替え大将とるからね」と意気込む子どもが出てくることでしょう。そうなったら、しめたものです。次々と、いろいろな着替え大将を出してあげてください。

誰しもそうかもしれませんが、子どもにも闘争本能があります。適度な競争は一種のゲームとなり、みんなとても喜びます。ですから、ちょっとしたことにこの感覚を提供するような声かけをすれば、子どもたちはどんどん動き出します。どのような言葉でもいいので、みなさんのクラスに合った「〇〇大将見つけた！」を生み出し、子どもたちをどんどん褒めてください。

ようやく、廊下に出ました。先ほども少し触れたように、この場面ではやはり叱ってしまうケースが多いです。集団というものは騒ぐものだと、まずは認識して指導する必要があります。

大人の世界でも同じです。意識の高い教師が参加する有料のセミナーでも、会場に入ってきたばかりのときや講師が登壇する前はざわついているものです。それをふまえたうえで、子どもたちを見る必要があります。そうすれば、叱るかどうかは別にして、「騒がしくなるのは仕方がない」と思えます。

とはいえ、私には長い間このような感覚がなく、「なんで廊下で喋るんだ。廊下に出たら静かに並ぶことくらい、考えれば分かるだろう」と、頭の中で怒ってばかりいました。言うまでもなく、この考え方は「子どもに原因がある」と決めつけている状態なので、いつまで経っても、教師も子どもも成長しません。

そうではない、と気付きました。騒ぐものだからこそ、その前段階となる布石が必要なのです。

「体育をするために校庭に出ます。全員、立ちます」と、まず言います。喋りながら立つ子どもが必ずいるので、それを見逃してはいけません。すかさず、「座りなさい。黙って立ちましょう。全員、立ちます」と言います。

先ほど喋っていた子どもも口を閉じます。でも、数人の子どもがやはり喋ります。となると、また座ってもらいます。これを、全員が黙るまで続けます。

ほとんどの場合、四回もやれば全員が黙って立つようになります。そして、全員が静かに立てたら、「すごい、かっこいいですね。その状態が○年生の姿です。では、そのまま廊下に並びます」などと褒めれば、静かに廊下に並ぶはずです。それでも喋る人がいたら、やり直しとなる場合もあります。

この指導のポイントは、短い指示を出し、それができたら褒めるということです。長い指示は子どもには届きません。にもかかわらず、指示どおりにしないと怒る教師がいます（かつての私のように）。それではダメなのです。さらに詳しく言うと、「行動」の前にその意味を説明するのです。

「体育のために廊下に出ます。ほかのクラスは授業をしていますので、喋らないで全員が立ちます」

このように言えば、静かにしなければならない理由を子どもたちは理解します。つまり、一方的な命令・指示とは大きく違うということです。

体育で校庭に出る場合、子どもたちは開放的な気分になります。もちろん、楽しく体育の授業を受けたいからですが、このとき、教師が思いもよらぬことをしてしまうものです。階段の手すりをすべり台にして下りようとしたり、前にいる友達を叩きながら歩いてみたり、鬼ごっこのようにタッチをして逃げながら廊下を走ったりと、さまざまな光景を見せてくれます。当然、野放しにできない状態です。放っておくとケガにつながります。また、叩かれた子どもは気分を害するでしょう（叩いたほうは忘れていますが）。

このようなことがありますから、「教室から校庭に出る」までは、規律正しく行動してもらわないといけないのです。みなさんのクラスではどうですか？　あまり変わらないと思いますが、機会があったら拝見してみたいです。

校庭に出てから行うこと

さあ、いよいよ校庭です。子どもたちは、校庭に出るというだけでとてもテンションが上がります。教師のほうはというと、まずは「何をするか」と考えます。体育で使う学習道具はすべてそろっているか、この点が大きな鍵となります。高跳びをやるにしても、ハードルをやるにしても、それらの道具を出して並べる必要があります。その間、子どもたちはどうすればいいのでしょうか。担任教師（体育専科）の腕の見せどころとなります。具体的にどのようなことを行うのか、いくつか紹介していきましょう。

縄跳びを跳ぶ

一般的には、子どもに縄跳びを持ってもらって校庭に行くというパターンが多いでしょう。教師が教材の準備をしている間、みんな縄跳びをしているはずです。その際、さまざまな技が書いてある縄跳びカードなどを持っていけば、さらに集中して行うでしょう。ただ「縄跳びをしていましょう」と言っても、跳んでいるだけでは飽きてしまいます。そのため、カードにある技ができたら級（ランク）が上がるようにしておけば、子どもたちは高い目標に向かってチャレンジしていきます。

大縄を跳ぶ

ご存じのとおり、大縄は集団でやるものです。クラス全員でするパターンもあれば、三人一組や四人一組でやる場合もあるでしょう。もし、学校全体で「大縄記録会」などといった企画があるのなら、クラス全体でやるほうが効果的かもしれません。

とはいえ、そのとき、縄の回し手を誰がやるのかなどについて事前に決めておかないと、もめ事が起こってしまいます。その点、三人一組の大縄であれば、人数が少ないため、誰もが「跳ぶ人」、「回し手」になれます。難点となるのは、たくさんの縄を準備しなければならないことでしょう。

校庭でマラソンをする

校庭を何周か走っている間に、教師が教材をそろえるというパターンです。寒い時期に行うことが多いですが、このときも、マラソンカードなどをつくって、何周したかが分かるようにしておけば子どもたちの意欲づけになると思います。

紹介したこの三つであれば、その間に準備することができます。体育の準備については、学校によってさまざまな方法がとられていることでしょう。前のクラスが出したままにしておいてくれたとか、朝のうちに各学年の教師がみんなで準備しておくなどですが、毎回、それができるのかという問題が残ります。

それが理由で、とても大仰な場、つまりテーマパークにあるようなアスレチック設備を常設している学校がありました。月に一度行っている川崎市の各区内（七つある）の研究授業で何度か目にしたのですが、確かに、子どもたちは楽しそうに活動していました。たぶん、みなさんもご覧になったことがあるでしょう。

実は、教職四年目のときですが、私も地区の研究授業を行いました。そのときには、五〇メートル走をやりました。さまざまな五〇メートルコースを校庭に六本描きました。しかし、その準備は授業時間内ではできません。四時限目に体育の授業をやるとしたら、三時限目に準備をする必要があります。さらに、私一人だと準備するのに三五分くらいかかりましたので、普段の授業ではできません。

地区の研究授業のときには、多くの先輩教師が協力してくれたので何とかなりましたが、本来、体育の授業は授業者一人が行うものです。多くの教師に協力してもらわないと準備ができないような授業は、やはり公開授業のときだけのものとなってしまいます。それだけに、準備も入れて一時間の授業が成立するような計画が必要となります。

そう考えると、子どもが何だかの活動している間に準備をするか、子どもと一緒に準備をするというのが理想となります。

そして、いよいよ具体的な学習に入ります。そこでは、どのような展開となるのでしょうか。以下では、その様子を学年別に見ていくことにします。

一年生――走る跳ぶ運動

一年生のときには、さまざまな跳び方をやってもらいながら、自分なりの工夫を促していきます。その工夫が、その後のハードルの跳び方や走り幅跳びにつながっていきます。一年生では、「跳び方を教える」というよりも、いろいろな場でさまざまな跳び方をして、跳びやすい方法を見つけるという活動となっています。

一年生は、とにかくどんどん跳びます。平均台の上から跳ぶ、小型のハードルを跳ぶ、ダンボール箱を跳ぶ、その場にあるものをとにかく跳んでいきます。ここで大事なのは、「飽きない」ということです。そして、「やってみたい」と思わせる環境の設定です。そのためには、小型のハードルであっても、並べ方を工夫する必要があります。具体的な例として、以下の二つを紹介します。

円状に並べてみる――このように並べると、友達と一緒に跳ぶ場合にリズムが合わせやすくなります。リズムを合わせて跳ぶという行為は、縄跳びなどの活動につながります。

大縄を川のように並べてみる――このように並べると、川に見立てて跳び越えるようになります。また、こういうコースをつくって、「ニンジャの修行その一。川跳び」などとすると、嬉々として活動します。一年生の場合、このような設定も子どもの意欲づけとして大切です。

二年生
――「ボール投げ遊び」のねらいは何でしょうか？

野球をはじめとして、私は学生時代に球技の経験があります。「ボールを投げる学習」をしようと、子どもたちに「キャッチボールをするように」と指示を出しました。二人一組、組むときにはとても楽しそうな雰囲気だったのですが、やはり、独りぼっちの子どもが出てきます。当時、「誰か、○○さんと組む人いないかなー」と、何とも間抜けな声かけをしてしまいました。言うまでもなく、配慮が必要でした。

二人一組とするのであれば、背の順や名前順に並ぶなど、機械的に組めばよかったのです。また、籤《くじ》などを使ってラン

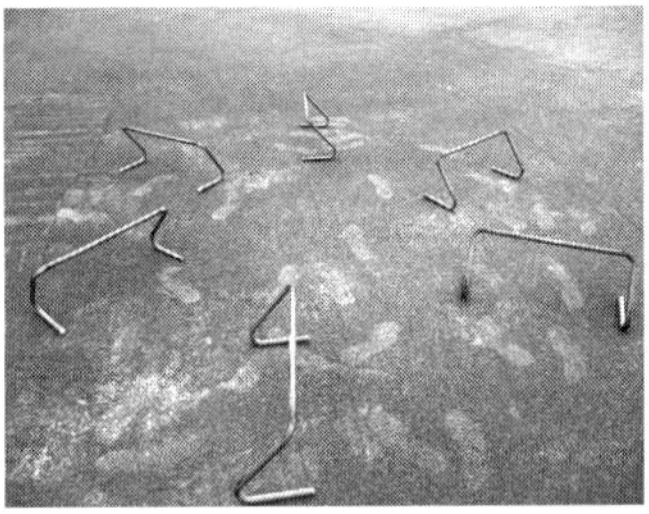

小型ハードルを円状に並べる

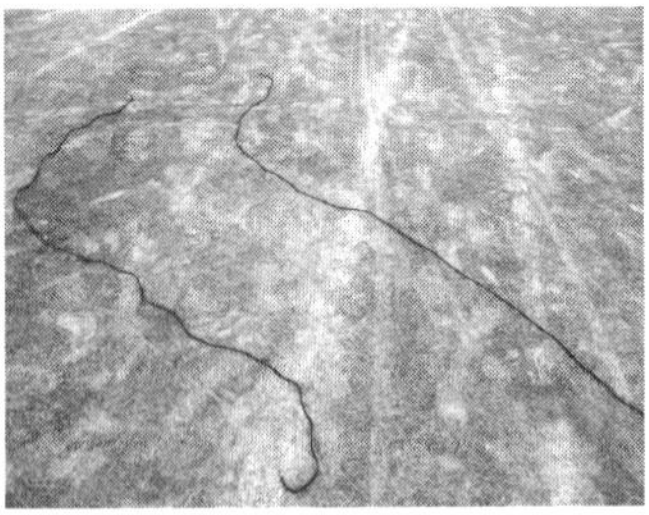

川をイメージして縄を置く

ダムに組むという方法もあるでしょう。いずれにしろ学習ですから、「○○さんとがいい」とか「△△さんとじゃなきゃ嫌だ」といった要望に耳を傾ける必要はありません。その点をきちんと説明するべきだった、と反省しています。

　また、「投げる」というねらいをもって学習をするとき、二年生でキャッチボールは適切だったのか、とも反省しています。もちろん、野球の準備運動であるキャッチボールの感覚で取り組んだわけですが、今思い出しても、キャッチボールにまったくなっていませんでした。

　上手な子どもはどんどん投げてキャッチをしていきますが、できない子どもはポロポロと落とす、相手の方向に投げられず、遠くにボールが転がって拾いに行くといったような光景が広がったのです。

　キャッチボールという活動をきちんと分析していなかったという点も反省点となります。改めて言うまでもなく、キャッチボールの基本は以下のとおりです。

投げる方――相手の体に向かって正確に投げる。

受ける方――投げられたボールを見る。投げられたボールの方向に体を動かし、ボールを取る。

これができないと、キャッチボールは成立しません。野球をする前にこれを行うのは、「基本」となっているからです。しかし、体育の場合は、基本というよりも、かなり高いレベルの動作になってしまいます。相手の体に向かってボールを投げることができない、恐怖感のため投げられたボールが見れない、といった子どももいるのです。

さて、見出しの文面を考えてみましょう。実際、ねらいは何だったのでしょうか？

このときは、キャッチできなかったボールを取りに行く二年生が走り回るという体育の授業になってしまいました。何とも情けない失敗です。しかし、子どもはこちらのねらいなどには無頓着ですから、汗をかくほど必死にボールを取りに行きます。そして、授業が終わってから、「ボールを取るのって楽しかった」と言っていました。この言葉を聞いて安心した私ですが、学習としてはやはりダメです。

現在はどうしているかというと、どこに向かって投げるのかを考えています。校庭に「投的板」と呼ばれる壁があればそれを利用するのもいいでしょう。もし、なければ、的をつくるようにします。その的も、大きいものから小さいものまでつくれば、ゲーム感覚が芽生えます。

また、投げるボールの大きさも大切です。読者のみなさんは、どのようなボールを使っていますか？　二年生ですから、バスケットボールのような大きなボールだと扱えません。時々、「自由に選ばせて、自分が投げやすいボールを使えばよい」と言う教員がいますが、どのくらいの大きさのボールまでが適切なのか、事前に選んでおく必要があります。たまたま体育倉庫に置いてあったボール、というのであれば、まったく話になりません。

二年生の手の大きさを考えます。市販されている体育用のボールにしても、何号球がいいのかと考える必要がありますし、もしなければ、消耗品予算で買ってもらうようにしてください。また、硬さについても配慮したいところです。スポンジボールのほか、表面が硬くても、中が少し軟らかく、当たったとしても痛くないボールがあります。相手に当てることを目的とするならスポンジボールを、的を倒すということであれば表面が硬いものを選びます。

次は、場の設定です。何のためにボールを投げるのか、何に向かってボールを投げるのか、ということです。

二年生の場合、先に記したとおり「ボールを投げて大魔王を倒せ」とか「○○小の平和を守れ」などと書かれた的を用意すると非常に盛り上がります。もちろん、的のつくり方についても、「大魔王の手下」、「大魔王の部下」、「大魔王」などとして、当てるのが難しくなっていくように大きさなどを調整すればさらに盛り上がるでしょう。

このとき、投げ方を考えてもらう工夫として、「大魔王の手下」は子ども目線の位置に置きます。つまり、当てやすい高さに設定するのです。そうすれば、野球のように、片手で投げるという方法を取ります。「大魔王の部下」は少し上に設定します。こうすると、投げるときに、バスケットボールのシュートのように投げはじめます。さて、一番小さい「大魔王」は少し難しくします。

同じ大きさで「大魔王」をつくってもいいのですが、その場合は、弱点に当たらないと倒せないようにするのです。そうすると、今までの投げ方を使って、どのようにして当てようかを考えはじめます。そして、自分なりにさまざまな投げ方を試し、どの投げ方がよかったかと振り返るものです。そして、投げ方について、学習の終わりにみんなで話し合うのです。

「今日は、みんな一生懸命大魔王を倒しましたね。さて、手下が最初の敵でしたが、どうやったら倒せましたか？」

と、この授業実践をやったときに尋ねました。返ってきたのは次のようなものです。

「まず、ボールをこうやって持って投げた」

「投げる前にちゃんと部下を見るんだよ」

「投げる前に相手に手を向けると届くんだ」

このなかから、みんなでやったほうがいいと思われる投げ方を選んで、みんなの前でやり方を見せてもらいます。すると、「僕もできる」とか「私もこうやったらできた」と真似をしたり、「できた！」と言って自慢する子どもが現れます。

このような実践のほうが、単なるキャッチボールよりは運動量がありますし、子どもたちも楽しく活動します。もし、もっと面白い実践方法があるということでしたら、ぜひ教えてください。

三年生――少し競技的になるが、楽しめる場をつくる

三年生で「走る跳ぶ」という運動を行うときは、高学年で行う「ハードル走」をイメージします。この場合、小型のハードルを使って、リズムを意識しながら跳ぶことを目的としています。

まずは、一定の間隔でハードルが置かれているコースをつくります。小型のハードルがなければ、段ボール箱を利用してもいいでしょう。できれば、あまり硬くないダンボールがいいです。跳び損なって上に乗ってしまったとき、箱が潰れるくらいであれば子どもはケガをしません。

これを四メートル間隔か五メートル間隔で並べ、決まった歩数で跳べば速く走れるということを体感してもらいます。高学年で行う「ハードル走」につなげることを考えると、コースを曲げないほうがいいでしょう。

単純に走るよりも、ルールを設けるなどの工夫をして、「勝ち・負け」をつけて楽しみます。たとえば、スタートラインを三本引いておき、一回目に走って勝った子どもは、一つ後ろのラインからスタートするなどです。こうすれば、走るのを苦手にしている子どもでも楽しめるかもしれません（写真参照）。

五・六年生――いよいよハードル走

高学年になると、前述したように「ハードル走」に取り組みます。この段階になると、タイムを計測することにもなります。さらに、跳び方を変えればどこまでタイムが伸びるの

スタートラインを３本引く

並べられたハードル

かといったことも体感しながら競ってもらいます。

通常、小学生の「ハードル走」は四〇メートルくらいの長さでやることが多いのですが、障害物がない状態、つまりハードルがない状態の「四〇メートル走」の記録をとっておいて、どこまでその記録に近づけるかと、挑戦するというのもいいでしょう。

もちろん、跳び方の指導をします。三歩のリズムで跳ぶためにはどのような姿勢がいいのかなどについて指導をしています。体勢を低くしたまま跳ぶ、頭をなるべく上下させないで跳ぶほか、足の裏を前に向けて跳ぶ、などです。これらのことを練習してからハードルを跳びます。

学習指導要領などには、「走る、跳ぶ」といった活動について、このように系統立てられて書かれています。しかし、これだけでは教師の役目を果たしたとは言えません。これを基本として、教師がイメージを膨らませるのです。低学年のうちは楽しみながら動きを身につけていき、中学年になると徐々にルールをつけて楽しみ、高学年では本格的な活動へと発展できるように、考える必要があります。

では、ここでも、私の失敗談を含めて語っていきましょう。読者のみなさんが、同じような失敗をされないことを願っています。

金曜日の活動として

週の終わりとなるこの日、前述したように、子どもたちには楽しい気分で帰って欲しいものです。この日に嫌なことがあったり、ケンカをしたりすると、翌週の月曜日の朝、「うちの子が学校に行きたくないと言っています」などという電話が入ることになります。このような電話を受けると、教師の気持ちもドーンと落ちてしまいます。

そうならないためにも、金曜日の時間割の組み立てとして、ここでは体育のことを書いているわけです。元々、多くの子どもたちが体育を楽しみにしているわけですから、この活動がとても大事になってきます。では、子どもたちは体育の何を楽しみにしているでしょうか。それについて考える必要があります。

体育を行う日というのは、校庭や体育館が確保できていることになります。もし、現在行っている学習活動が雨などで中止にならず、予定している時間数を終えているならば（通常、ハードル七時間、鉄棒六時間などとカリキュラムで決まっている）、月に一回くらいは、外遊びという「お楽しみ会」を組むというのもいいでしょう。これを金曜日に行うと、効果抜群です。

とはいえ、子どもたちがやりたいことをきちんと教師がリサーチしておかないと逆効果になってしまいます。では、どのような活動がいいのか。クラスの実態によっても多少違ってきますので、ご自身のクラスではどうするのか、と考えながら読んでください。もちろん、失敗談から入ります。

失敗談

「子どもはドッジボールが好き」という勝手な思い込みがあった私、何とも空気が淀んだような授業が続いていた金曜日、思い切って「今からドッジボールをします」と宣言しました。好きな子どもは歓声を上げて喜んでいます。しかし、ドッジボールを好きな子どもばかりではありません。そのことを考えていませんでした。

「先生、またドッジボールやらないといけないの？」（六年生）という声を無視して、校庭に出てチームを分けます。六年生ですから、自分たちでチームを決めさせました。その間、ラインを引いていました。

チーム分けが済んだようなので、競技に入りました。勢いよくボールが飛び交うなか、ずーっと隅のほうで動かない女の子がいました。この子どもはドッジボールをやりたくなかったのです。でも、みんなが喜んでいるから「嫌だ」と言えずに校庭に出てきたのです。

みなさんも経験があるでしょう。こういう子どもにかぎって、最後まで当たらずに残るのです。

すると、クラスの雰囲気がいい場合は、「○○さん頑張って！　何とか生き延びて！」といった声が外野から飛んできますが、このときのクラスは違っていました。「何やってんだよ。取れよ！」とか「お前なんか早く当たっちまえ！」などという心ない声が飛んできたのです。この子どもにすれば、やりたくもないドッジボールが担任のひと声ではじまり、嫌々参加したのに、さらに嫌な思いをさせられているわけです。何とも、やりきれない気持ちになったことでしょう。

結局、最後には当たってしまい、終了しました。子どもたちは「もう一試合」とせがんできます。当然のように、もう一試合やりましたが、この子どもは入りませんでした。校庭の隅で座ったままです。その子どもに寄り添うように、二人の子どもがドッジボールから外れていき、一緒に座っていました。

今考えても情けない話ですが、この活動の目的がまったく分かりません。まちがいなく言えることは、みんながやりたいことではなかったということです。

この子どもの保護者から、その日のうちに電話が入りました。

「娘が、学校に行きたくないと言っています。先生から何か言っていただけませんか」と言われ、電話口にその子どもが出てきました。そのとき、「先生、またドッジボールをやらないといけないの」と言ったのです。すべて、私の配慮のなさが原因でした。

確かに、ドッジボールのとき、私は全体をあまり見ていませんでした。ボールがどこに飛んだか、誰に当たったのかに目を奪われていたのです。要するに、楽しんでやっている子どもだけを見ていたわけです。

電話で話したとき、そのことを痛切に感じました。見ていなかったことを謝り、「ドッジボールはもうしないよ」と約束しました。でも、ドッジボールが悪かったわけではありません。明らかに、配慮が足りなかっただけです。

今ならどうするか

「金曜日にお楽しみ活動」、これについて子どもたちから何かアイデアが挙がってくるか、と今は考えています。誰からも意見が出ないようであれば、「本当にやりたいと思っているのか」と考えます。勉強嫌いのやんちゃな子どもであれば、急に「お楽しみ会活動」を入れると喜ぶでしょうが、みんながやりたいのかどうか、この点を考えないと失敗を繰り返すことになります。

まずは、「ドッジボール係」や「集会係」のような係活動の子どもたちに企画を練ってもらいます。「今度の金曜日は、うちのクラスで校庭が使えます。あなたたちの企画をやりませんか」と投げかけるのです。そうすれば、喜んで取り組むはずです。ただ、次のようなアドバイスを送っています。

「たとえば、ドッジボールをするにしても、苦手な人が何人かいるよ。○○さんと○○さんは、たぶんそうだと思うよ。この人たちも楽しめるようにするにはどうしたらいいかな？」

すると、チームづくりを考えたり、チャンスゾーンをつくり、そのゾーンには苦手な人しか入れないといった工夫をするようになります。

このような声かけで、さまざまなアイデアを出してもらいます。それでも出てこないようであれば、教師のほうから提案すればいいのです。もし、「そんなのつまんない」と言い出す子どもがいれば、「じゃあ、これはやめよう。苦手な人も楽しめる工夫がないから」と言って、あっさりとボツにします。

そうすると、やはりやりたいものだから、出された提案を受け入れたり、自分たちでさらに考えたりします。このようにして、みんなで楽しめる企画を考えてもらい、ルール発表まで進むのです。

　このような協議の場を設けると、係活動の活躍の場が広がりますし、聞いているほかの子どもたちも安心します。要するに、民主主義の基本を体感してもらうということです。さまざまな意見を出し合い、少数かもしれませんが、「苦手な子ども」の意見をくみ取る必要があるということを、「お楽しみ会」をテーマにして考えてもらうわけです。

　もう、お分かりですよね。金曜日に「体育」や「お楽しみ会」を組む、確かに多くの子どもは喜びますが、みんなが納得しているようなルールや場をきちんとつくり、必要であればチームづくりまでしておく必要があります。これらのことをやっておかないとトラブルだらけとなり、教師も子どもも辛い思いをすることになります。

放課後の保健室

　放課後、保健室に行かれたことはありますか？　体育の時間など子どもがケガなどをした場合は当然行くことになるでしょうが、そうではない場合です。

　保健室の先生は、さまざまな子どもの情報を知っているものです。そして、保健の先生にだけ言えることがあるようです。そのような情報について聞くのも教師の仕事だと思っています。ここでは、私が行った「保健室での情報集め」について述べていきます。

どのようなときに保健室に行ってもらうのか

毎日、教室にはいろいろな状態の子どもが来ます。少し具合が悪いけど来た、寝不足で来た、友達とケンカをしたあとに来た、家族とケンカをしたあとに来た――このような子どもたち、通常のコンディションで学習できるわけがありません。このような子どもがいたら、私は構わず、「保健室に行きなさい。日直の○○さん、一緒に行ってあげなさい」と言って、二人で保健室に行ってもらっています。

もちろん、このような状態の子どもすべてが言葉で訴えませんし、そのこと自体を聞かれたくないという子どもも当然います。ですから、保健室へ行ってもらうのです。

保健室に行くという行為自体はごく自然なものであり、誰が見ても違和感を抱くことはありません。そして、環境が変わります。教室のように多くの人が集まるところではないので、落ち着いた雰囲気で過ごすことができます。

これまで、さまざまな学校でいろいろな保健室を見てきました。オルゴールから音楽が流れている保健室、人形が出迎えてくれる保健室、入るとベンチがあり、まずはそこに座るようになっている保健室、さりげなく、さまざまな方向を向いて椅子が置かれている保健室もありました。

保健室は、なぜこのような配置にしているのだろうかと思ってよく観察したら、意外なことに気付きました。入室してくる子ども同士が顔を合わせないように工夫されていたのです。

先にも記したように、保健室の先生にだけは言えるという悩みを抱えている子どもがいます。そのような子どもにとっては、ほかの子どもの顔が見えるだけでもプレッシャーになるようです。このようなことにまで配慮をして環境づくりをしているのかと、正直驚きました。

このような保健室ですから、利用する価値が十分にあります。それに、すべての子どもを担任が抱え込んで解決するというのには無理があります。そう考えると、保健室の先生

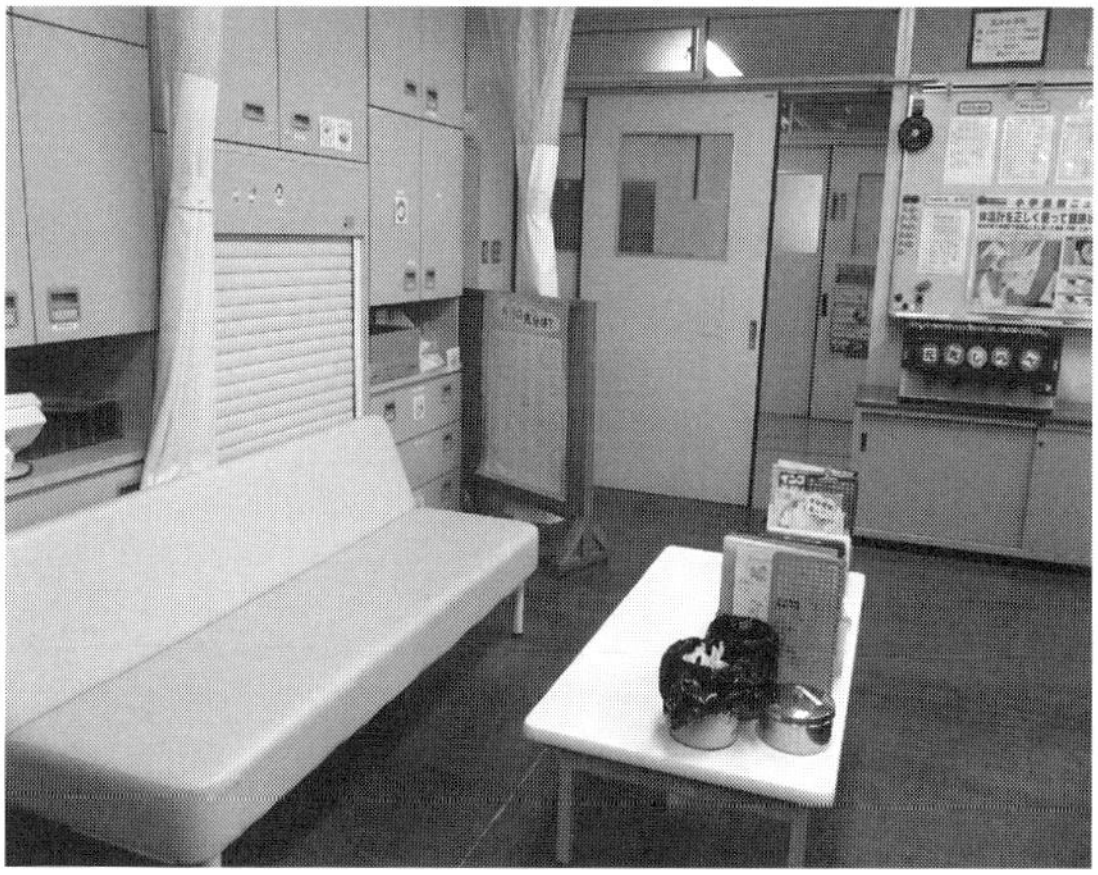

子どもが落ち着ける保健室

は、担任にとって結構「身近な味方」と気付きました。

すべての子どもを見ている保健室の先生、よく保健室に来る子どもであれば、その特徴も知っています。たまに来る子どものことも、「あら、珍らしいね。今日はどうしたの？」と言って、自然に受け入れています。担任だけでなく、すべての教師が見習うべき対応術が保健室にはたくさんあるのです。

そんな保健室の先生と、放課後に打ち合わせをしておくことがよくあります。打ち合わせの内容は、「○○さん、最近、朝は不機嫌だから保健室に来させますので、何が理由なのか聞いてもらえませんか」とか「昨日、○○さんとケンカをしました。その場で指導をしたら、『ごめんなさい』とは言えましたが、ほかに理由があるかもしれないので、聞いてもらえませんか」などです。

このようなことは、もちろん学年担当の教員にも話しますが、それよりも保健室の先生に依頼するほうが即効性は高いです。なぜなら、多くの場合、その日のうちに話を聞いてくれるからです。そして、放課後に子どもから聞いた内容をていねいに伝えてくれます。

このようなお願いですが、事前に言っておくと効果抜群なので、私はよく保健室に行って話をしています。保健室を、ケガや病気をした子どもを見てもらう場所とは捉えず、保健室の先生を味方にして、クラス運営をしていきたいものです。

教師自身が話を聞いてもらう

担任には話しづらいことでも保健室の先生であれば話せる子どもがいると前述しましたが、子どもだけではありません。教師も、話してみると楽になることがたくさんあります。保護者への電話対応で失敗してしまった、何を言っても子どもがどうしても分かってくれないといったときなど、いったいどうすればいいのだろうかとパニックになってしまいます。そんなとき、保健室の先生に話してみると、意外な面からヒントがもらえます。

保健室には、一日中、さまざまな人が出入りしています。ケガをした子ども、病気の子ども、そのような子どもたちを迎えに来る保護者、トイレットペーパーなどの備品を届けに来る業者の人、そして子どもの様子を見に来る教頭先生や校長先生など、多種多様な人が訪れています。

このような人たちの話を聞いたり、電話対応をしているのが保健室の先生です。当然、担任では知り得ないことをたくさん知っています。

以前、毎日のように保健室に行く子どもがいたので気になっていました。そしてある日、保健室の先生に話を聞いてみたところ、意外なことが分かりました。

私は、その子どもは授業を受けたくないために保健室へ行っているのだと思っていました。確かに、勉強が苦手で、ノートもきちんと書けないという子どもでした。放課後になって、その子どものことについて保健室まで尋ねに行ったら、「授業で発言したい」ということが分かりました。要するに、挙手をして、先生に指名されるようにと、保健室で練習をしていたのです。

さらに、そういう姿をクラスの友達に見られたくない、ということも分かりました。そのためには、授業中に保健室に行って練習をするのが一番と、この子どもは考えたようです。

さすがに気付きませんでした。そして、授業中の指名について、配慮が欠けていることを自覚しました。このようなことを一例として捉えていただき、何かあったら保健室の先生に話を聞いてもらうということを習慣にしておいたほうがいいようです。

職員会議はどのように行われているのか

すべての会社組織と同じように、私たち教師にも「職員会議」というものがあります。通常、月曜日とか水曜日に行われる学校が多いのですが、本書では、一週間の終わり、教師の振り返りという意味を込めて金曜日に行う場合を想定しました。

いずれにしろ、事前にそのための資料づくりが必要となります。資料は、担当部会でその内容を確認し、それを教務主任に確認してもらい、修正を加えるという手順でつくられます。それを職員会議の資料として提出するわけです。

また、学年単位で行われる遠足や、保護者を呼んでの発表会などといった行事日程が決まっている場合はその調整が必要となりますので、教務主任にそれらを確認するといった「手回し」が求められます。

実は、この手回しが大変なのです。部会会議のときに話せればいいのですが、そうでないと、その人を放課後に探さなければなりません。これに、結構時間が費やされるのです。また、部会からの提案となりますから、自分の意見だけを通すわけにはいきません。みんなの意見をまとめて、「○○部会としてはこの方向でいきます」と同意してもらったうえで職員会議に提案文を出すわけです。

時々、困ってしまうのが、部会のなかで意見がまとまらないまま提案を出されてしまうことです。そうなると、次のような提案（？）が出されてしまいます。

「防災部会からの提案です。避難訓練では、東側階段より西側階段を使って子どもたちを避難させたいと思うのですが、みなさん、どうでしょうか？」

そもそも、これは提案とは言えません。いくつものステップが抜けた状態で会議に出されていることに気付かれたと思いますが、これが理由で会議の時間が長くなってしまいます。

このような提案を出す場合、まずは防災部会の話し合いにおいて十分に練っておく必要があります。その話し合いのなかで、なぜ西側の階段を使うのがいいのかと、議論しておかなければなりません。また、去年までのやり方ではどのようなデメリットや危険性があったのかなどを説明し、それを理由として「この提案を出した」と言うべきです。

そういうプロセスを踏まず、「みなさん、どうでしょうか?」と投げかけると、聞いているほうはその場で思いついたことを言ってしまいます。思いつきが悪いとは言いませんが、やはり練られたものとは違いますから議論の論点が定まらず、結論を見いだすことができません。言うまでもなく、こういう提案は職員会議に出してはいけません。

私が常に言っているのは、議題を「提案事項」と「協議事項」に分けることです。「提案事項」は言うまでもなく提案なので、まずは部会で十分に話し合ったものを出します。ですから、多少の質問は受けますが、出した内容については基本的に従ってもらいます。そのうえで不都合があれば、その後に反省点として出してもらい、次年度に修正するようにしています。

一方、「協議事項」は、職員会議の場において「みんなで方向性を決めましょう」というものですから、できれば出さないほうがいいでしょうが、どうしても部会において決まらないものについてのみ出すようにしています。そして、ある程度の時間が経過しても結論が出ない場合（とはいえ、ヒントはもらえます）は、再度、担当部会で話し合って決めてもらうようにしています。

このように考えて部会会議を進行していかないと、いつまで経っても終わらない職員会議となってしまいます。教師の就労時間の長さが問題になっています。このようなところから変えていく必要があると思いますが、いかがですか。

＊＊＊＊＊

ここまで、月曜日から金曜日までのことを、いくつかの授業風景を例に挙げながら書いてきました。ご存じのとおり、これら以外にも授業があります。紙幅の関係ですべての授業風景は描けませんが、その点はご容赦ください。なお、各曜日とも私が時間割として組みたいもののなかから選びました。

私もそうですが、学校という空間においては毎日のようになにがしかのトラブルが発生します。しかし、本書で記してきたように、それらを乗り越えてしっかりやっていれば楽しいことがたくさんあります。何といっても感性が豊かな子どもたちを相手にしているわけですから、大人の論理で考えるとトラブルに思えることもあるでしょう。しかし、それを逆手にとって、豊かな感性を吸収するという捉え方もあります。そうすれば、これまで見えなかったものが「見えてくる」ようになるかもしれません。

教師という仕事を選んだ以上、このようなこともふまえて欲しいわけですが、その一方で毎週思っていることがあります。五日間授業を行い、クラス運営やコーディネーターとしての仕事をされている教員のみなさんに、「本当にお疲れさまです！」とお伝えしたいです。

さて、終章では、週末や休暇中の過ごし方について書いていくことにします。「解放される、と思っている週末や休暇中に何をするんだ！」という声が飛んできそうですが、教師として成長するためには、このような時間も、少し意識を高めながら使って欲しいと思っています。

第6章　土曜日・日曜日・長期休暇

どのようなことに時間を使っていますか？

大山阿夫利神社本社から見る相模湾

さあ、待ちに待った週末です。ここでの過ごし方を述べていきましょう。みなさんは、どのようなことにこの時間を使っていますか？　ドライブ、家でのんびり、買い物など、いろいろな使い方があります。もちろん、それでもいいのですが、楽しみながら授業について考えられる機会になればいいと思いませんか。「いや、週末は自分の時間なんだから好きなように使いたい」と、やはり思いますか。

ここでは、私の土日の使い方を紹介します。どうすればより良い使い方になるのかについて、考えていただければ幸いです。

土日の使い方

社会科の教科書や副読本に出ている場所に実際に行ってみます。その現場に立つと、本のなかに書かれていた内容に納得したり、本のなかでは得られなかった情報に出合えることがたくさんあります。言ってみれば、教師の遠足（社会科見学）です。子どもたちと同じように楽しんでみましょう。

まず紹介するのは、私の住まいから日帰りで行ける大山（一二五二メートル）です。都心からでも約二時間の距離ですから、多くの人が行かれていることでしょう。

そうだったのか大山《おおやま》こま

神奈川県の名峰の一つに伊勢原市の大山があります。教科書には載っていませんが、川崎市の小学校では、四年生で大山のことを扱うところが増えています。それゆえ、神奈川県の副読本などによく掲載されています。

しかし私は、大山街道があるとか、落語に「大山詣り」という話があること、そして「登戸《のぼりと》」という地名が大山詣りをする人が宿場としていた所、つまり「大山の登り口」という意味から「登戸」になったと聞いたことがあるぐらいで、実のところ、大山についてあまり詳しく知りませんでした。

そもそも、大山にお詣りする人は何を求めていたのでしょうか？　そして、どこからやって来たのでしょうか？　そんなことを知りたくなって、小田急

大山ケーブルのバス停から大山を望む

の「伊勢原駅」まで車を走らせました。

伊勢原駅前に車を停めて、バス停のほうに歩いていきます。すると、最近伊勢原市がつくった、「大山こま」を模した可愛いキャラクターが出迎えてくれました。

駅前にあるバス停を見ると、「大山行」の路線バスが出ているようです。再び車を走らせて、バスの終着駅である「大山登山口」まで行って、車をパーキングに入れました。そこからは、徒歩で大山ケーブルの駅まで行きます。そこは、もう山道です。

登っていくと、石柱のようなものに「○○講」という文字が彫られているのを発見しました。これがまた、たく

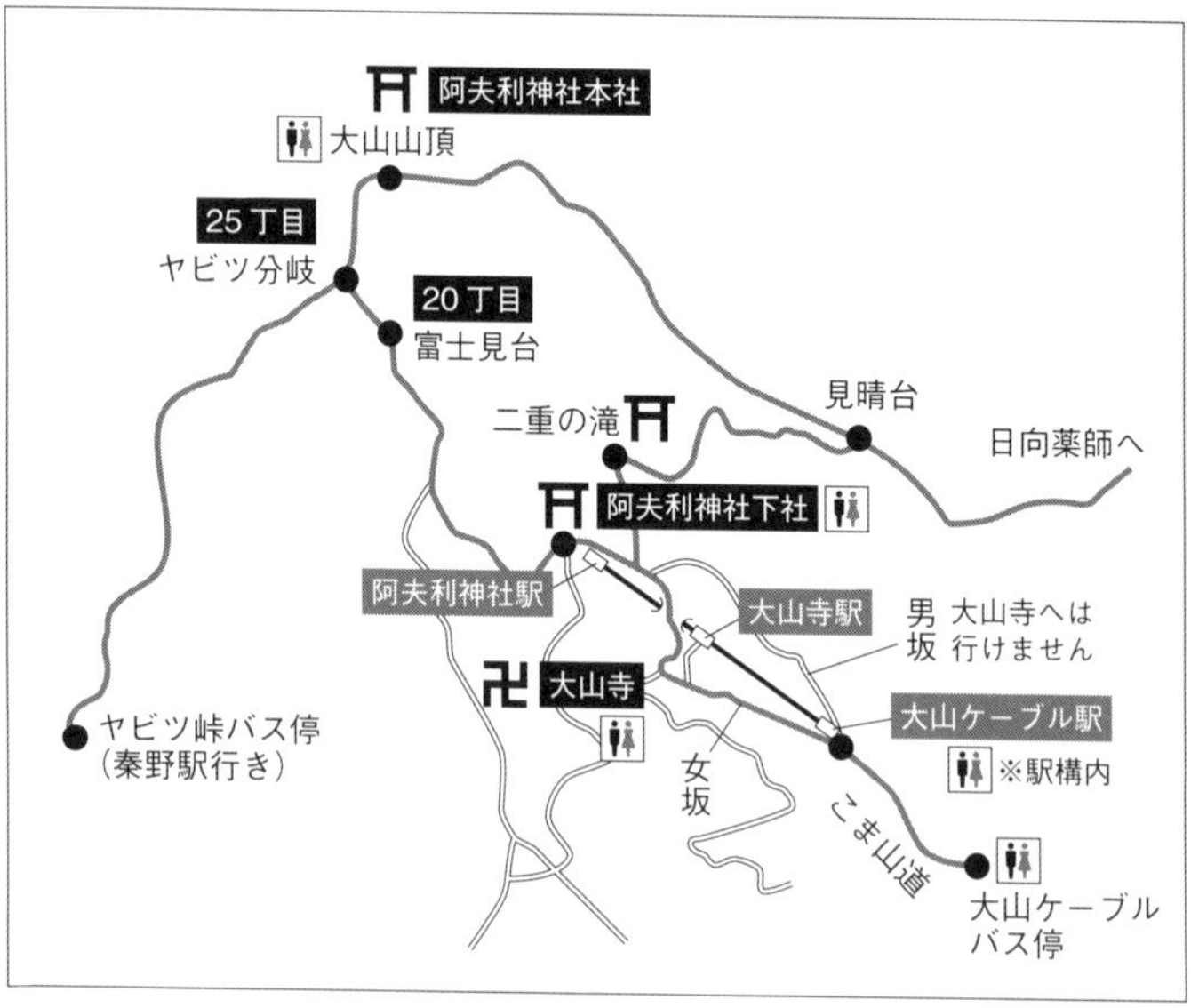

さんあるのです。あとで分かったことですが、地元住民や協力者が立ち上げたもので、大山詣りをする人に食事や宿を提供する組織のことでした。

大山ケーブル駅の手前まで来ました。「こま参道」とも呼ばれるように、このあたりにある土産物屋では「大山こま」が売られています。文字どおりお土産物なのですが、これがなかなかきれいで、よく回るのです。しかし、不思議だと思いませんか。なぜ、「こま」を売っているのでしょうか。説明書きを読むと、「昔から、大山詣りの人々も買って帰った」と書かれていました。

大山詣りが流行したのは江戸時代です。江戸や、少し離れた上州（群馬県）などからも多くの人が訪れていたそうです。お詣りに来ていたのは庶民が多かったと言います。当然、経済的に余裕があったとは思われません。生活必需品でもない「こま」、どうして必要とされたのでしょうか？　謎が深まります。

参道には、このような石柱や宿坊がたくさんある

ある年、「大山こま」をテーマにした研究授業を見ました。この授業では、「こま」をつくる職人さんがロクロを回している映像や、実物が子どもたちに示されていました。また、映像のなかで職人さんのコメントが紹介されているほか、授業者である教師も教材の研究をされているようで、現地にも足を運んでいたとのことです。その際、この教師も、「どうして大山詣りの人々は、『大山こま』を買って遠くまで帰ったのだろうか?」という質問をしていました。

子どもたちが出していた回答は次のようなものです。

「回りやすいこまだから、お土産にしたら喜ばれたのだろう」

「たくさんの人に、このこまの良さを伝えたかった」

「大山の伝統を地元の人々に知らせるために持ち帰った」

なかなかの回答です。その場にある資料から考えられることを一生懸命に答えていました。とはいえ、これでは私の疑問は払拭しません。「生活必需品でもないこまを、なぜ当時の人は買って帰ったのだろうか?」と。

最後に、教師がある資料を出して次のように説明しました。

歩道にある大山こまのイラスト

「こまには芯がありますね。『大山こま』は、この芯の強さから、縁起物としてありがたがられたのです。だから、いろいろなところに広がっていったそうです」

これでも、私の疑問に対する回答には至っていません。「大山こま」のことを調べるために、伊勢原市の図書館にも通い続けました。そうしたら、一つ分かりました。この地域では、ロクロの技術が西暦六〇〇年代からすでに発達していたというのです。ロクロを使ってつくる技術があれば、いろいろなことが考えられます。

さらに、ロクロについても調べてみると、陶芸に使われるだけではなく、木を丸く削るロクロもあるようです。これだと、お皿やコップのようなものもつくれます。そのせいでしょう、大山の「こま参道」には、皿、コップ、瓢箪《ひょうたん》といったものなどがたくさん売られていました。

これらのことが分かったとしても、「どうして『大山こま』が普及したのか」という疑問には答えられていません。そこ

ケーブル駅から参道を見る

たくさん売られている大山こま

で、民芸品を売っているお店の人に尋ねることにしました。

お店のご主人は、現在でもロクロを回して「大山こま」をつくっていました。ご主人が発した第一声が忘れられません。

「あんたのように若い方はご存じないかもしれないけど、コマというのは博打《ばくち》に使われていたんだよ。阿夫利《あふり》神社の神様は、雨降りと同時に博打の神様だからね」

この説明で分かりました。博打に使うために「こま」を買って帰ったのです。それなら、一つの説として分かります。確かに、大山詣りを描いた浮世絵などを見ると、職人やヤクザのような人がたくさん描かれています。大山阿夫利神社の御神木でつくった「こま」を買って帰ったなら、博打で勝てそうな感じがしてきます。天下御禁制の博打といえども、やはり、やっていた人がいたということです。

「博打で使うこまを買って帰った」、あくまでも一つの説でしかありませんが、こうした情報は、現地に足を運ぶことで得られるものです。本などに書かれていることばかりでなく、「生《なま》」の情報や知識を得るために足を運んでみるというのも教師の務めかもしれません。とはいえ、子どもたちに「博打」のことは伝えられません。あくまでも、教養の一つとしてふまえていただきたいです。

三浦半島

三浦半島から少し離れた所に「猿島」と呼ばれる島があります。ご存じのように、ここも神奈川県です。どのような島なのか気になっていたので、訪ねてみることにしました。もちろん、学習に役立つと思ったからです。

私の自宅からだと、まずは「横浜駅」に出て、京急電鉄に乗り換えて「横須賀中央駅」まで向かうことになります。駅から一〇分ほど歩いて三笠公園まで向かい、そこから船に乗って猿島に向かうことになります。

途中、米軍基地のゲートの前を通ります。ご存じのように、横須賀にはアメリカ海軍の基地があり、ゲートの向こうはアメリカなのです。

三笠公園には、日露戦争（一九〇四年～一九〇五

東郷像の後ろに「三笠」

迫力のある「三笠」の甲板

年）で活躍した「旗艦三笠」が展示されており、艦内が公開されています。公園の入り口には、東郷平八郎元帥（一八四八〜一九三四）の像があり、その奥に「三笠」が浮かんでいます。

当時の「三笠」を修復し、一般の人が見学できるように、艦内にはさまざまな資料とともに当時使われていた道具などが展示されています。司馬遼太郎（一九二三〜一九九六）の小説『坂の上の雲』（文春文庫）を読んでいる人にとっては感慨深い光景が楽しめますので、まだ行かれていない方はぜひ訪れてみてください。

そのすぐ横に「三笠ターミナル／猿島ビジターセンター」があり、そこから船に乗って猿島へと渡ります。参考までに、猿島公園への入園料と乗船料（往復）は、大人二〇〇〇円（小学生は一〇〇〇円）となっています。

猿島だからといって猿がいるわけではありません。現在は無人島です。その無人島に何があるのか。レンガ造りの通路

桟橋を渡って猿島に入ります

や監視台などを見ると、明らかに軍事施設です。パンフレットなどに書かれている説明文を読むと分かりますが、実際に日本軍の武器などを格納しておく場所だったのです。

歩いて五〇分くらいで回れる島ですが、その周りの水深はとても深いようです。海が深いということは、軍艦などが入港できるということです。前述したアメリカ海軍の基地があるのも頷けます。また、江戸時代末期に小栗上野介忠順《ただまさ》（一八二七〜一八六八）が横須賀に製鉄所や造船所などを造り、のちに「横須賀海軍工廠《こうしょう》」になったということも、現地に行って初めて知ったことです。

現在、島内は観光目的がメインとなっており、週末にはバーベキューなどを楽しむ人がたくさんいるとのことです。船に乗って一〇分、島内の歴史探索をしてから海辺でのバーベキュー、確かに楽しそうです。なお、猿島での宿泊はできません。一六時発の船が最終便となっていますので、気を付けてください。

武器・弾薬庫の跡

島内をめぐる

毎週末とはいかないでしょうが、家族との小旅行を兼ねて、教科書などに掲載されている場所に行かれることをおすすめしたいです。驚くような発見があるだけでなく、きれいな景色も見られます。そして、味わった感動を、ぜひ子どもたちに伝えて欲しいです。

研究会への参加

週末には、研究会にも参加しています。研究会といっても、公《おおやけ》のものではありません。個人のサークルとか「○○研究会」といったものです。今、私が主に参加しているのは土曜日に開かれているもので、「ＮＰＯ法人ＴＯＳＳ」[1]のサークルの一つである「東京教え方研究会」(https://toss-tokyo-oshiekatakennkyuukai.jimdosite.com) というものです。

このような研究会の開催にあたっては、場所代もメンバーが支払うことになります。また、メンバーの誰かが事務局となり、場所を予約したり、パソコンを持ち込んだり、プロジェクターを借りてきたりと、さまざまな仕事をすることになります。

一方、公の研修会の場合は、公立学校が主催して行うものなので、大抵の場合、水曜日の午後などにどこかの学校で開かれています。同じ市内の教師が集まって、授業について話し合うという会となっています。学校ですからさまざまな設備はそろっていますし、場所代などといった費用はかかりませんが、ある意味、「義務」として参加することにもなります。

公の研修会も勉強になりますが、週末などに開かれるサークルも大変勉強になります。わずかとはいえお金を支払い、休日を使って足を運ぶわけですから、自然と何かを学び取ってやろうという気持ちになるものです。

私は川崎市の小学校に勤めていますが、東京都の教師とも話し合いますし、時々、新潟県などからも教師が来られます。さらに、大学で教職課程を指導している研究者もメンバーになっています。こうしたさまざまな人が集まっている勉強会の場で、自分の授業実践を報告したり、実際に模擬授業（教員の前で授業をしてみること）を行ったりしています。

すると、自分が行っている授業の粗さが指摘されます。

「今の発問は、何を聞きたいのか分からない」とか「資料が見づらい」などといったことです。そして、そのあとに代案をいただくことになります。この研究会だけではなく、ほ

（1）（Teachers' Organization Skill of Sharing）「すべての子どもに価値ある教育を」を目指す日本で一番大きな民間教育研究団体です。創始者である向山洋一先生の言葉「どの子も大切にされなければならない。一人の例外もなく」を合言葉に活動しています。〒142-0064 東京都品川区旗の台2－4－12 TOSSビル。TEL：03-5702-5835

かの研究会にも参加している人が多いので、似たような実践事例や指導法をすでに見ているわけです。つまり、代わりとなる情報をたくさんもっているということです。

また、参考になる本についてもよく教えてもらっています。

「その実践だったら、○○先生の本にあるよ」とか「分数だったら、○○先生の本は読みましたか」などといったアドバイスをもらっています。実際にその本を読んでみると、本当によく分かるのです。

最近では、子どもが小論文を書くという授業実践をしました。もちろん、作文の技能を上げたかったからです。その際、小論文の型を教えてもらいました。それも、その場で思いついたようなものではなく、昔からある実践を小学生にも分かりやすく工夫したものでした。

研究会で報告する筆者

このような研究会で、普段は得られない情報をもらい、それを持ち帰って自分の教室で実践すると、まちがいなく子どもの学習姿勢が変わります。事実、小論文の指導を三年生に実践してみましたが、苦手としていた子どもでさえ、原稿用紙二枚も書くことができたのです。本書の趣旨から外れますので詳しくは述べませんが、そのことをレポートにして、次の研究会で報告もしています。

「教師こそ学ばなければならない」などというフレーズをよく耳にしますが、本当にそのことを実感しています。以下で、私がこれまでに参加してきた研究会の様子を述べていきます。

仮説実験授業（https://kawasaki-tanoshii-jugyo.official.jp）

このサークルには数回おじゃましました。その名のとおり、さまざまな実験を教室でやってみるという学習スタイルとなっています。

一〇〇円ショップで売っていた筆箱にこんな工夫ができたとか、ロウソクの火が消えて、また点いた実験では科学的に考えられたなど、私も身を乗り出すようにして聞いてしまいました。さらに、生地を工夫して面白い指人形をつくり、これを図工の授業に転用したなど、実物（作品）が登場することが多いサークルでした。

「TOSS和《のどか》サークル」（https://www.nodoka-nagomi.net）

このサークルは、先に紹介した「Toss」が運営しているサークルの一つです。ここには、若手からベテランまで、実践家が集まってきます。パソコンや端末を使った授業実践や、最新のチャットGPTを授業に活用した提案などをしています。もちろん、普段の教科書を使った授業を提案される人もいます。

いずれにしろ、さまざまなコメントが飛んできます。主催されている教師がとても勉強熱心な人で、どのような授業にも的確なコメントや助言を入れてくれます。

このサークルにおいて授業提案をするというのは、本当に大変です。しっかりとした準備が必要となりますが、その分だけ適確なコメントを受けることができます。かなりうまい授業をしていると思った教師にも「ストップ」が入り、資料の粗さを指摘されるなど、とても勉強になるサークルです。なお、見学するときには、事前にメールを送る必要がありますのでご注意ください。

長崎県の教室を見学に

毎年、七月一日は「川崎市制記念日」となっており、川崎市内にある小中学校は休みとなります。先輩教師に連絡をして、この日を使って長崎県にある小学校の教室におじゃましたこともあります。もちろん、飛行機代や宿泊代などは自腹です。近年はコロナ禍のためにこういった見学は難しくなりましたが、以前は結構やれていました。

　みなさんの都市や学校ではどうでしょうか。開校記念日などといった休日も、このような活動として利用できると思います。

　ところで、なぜ長崎県かというと、おじゃました小学校の教師である伴一孝先生がたくさんの著書（『あなたの国語授業を直します』学芸みらい社、二〇二一年ほか）を出版されていたほか、一度私の学校に来てもらい、講演会を開催したという経緯があったからです。そのときは、主に国語の授業についての話でした。あまりの分かりやすさや面白さがたまらなく、ぜひ見学したいと思っていたのです。

　教室に着いて驚いたのが、子どもたちがどんどん学習を進めている姿です。五年生の教室でした。漢字の学習を黙々とやっていました。この時点で、子どもたちの勉強のやり方がすでにでき上がっているように思えました。そして、教師が入ってくると自然に漢字テストがはじまりました。

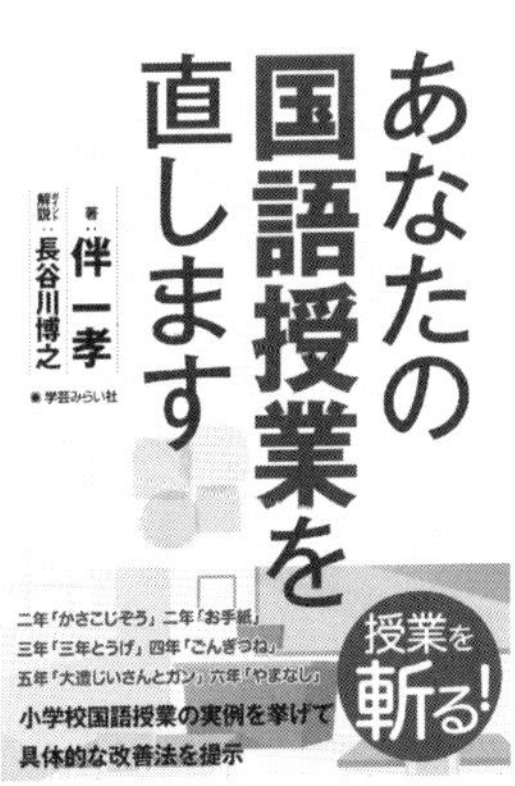
あなたの国語授業を直します
著：伴一孝
解説《ポイント》：長谷川博之
学芸みらい社
授業を斬る!
二年「かさこじぞう」二年「お手紙」
三年「三年とうげ」四年「ごんぎつね」
五年「大造じいさんとガン」六年「やまなし」
小学校国語授業の実例を挙げて
具体的な改善法を提示

よく見られる教室のように、日直による「起立、礼」という号令からはじまりません。授業風景をよく見ると、漢字が苦手な子どもに対して伴先生がフォローをされていました。赤鉛筆で薄く答えを書き、そこをなぞれば書けるようにしているのです。勉強のやり方ができ上がっているので、教師も苦手意識をもっている子どもに対して時間が割けるというわけです。

子どもたちは、どんどん漢字テストに取り組んでいきます。もちろん、まちがうこともありますが、その漢字を、その場で三回練習していました。これもいいシステムです。

通常、漢字テストというと、教師の号令のもと一斉にはじめます。そして、答案用紙が集められて、多くの場合、後日返却されることになります。入試試験のようなシステムを、小学校でやっているということです。

しかし、ここでの目的を考えてください。小学校の授業で行っていることは、子どもへの知識の定着を意図したもののはずです。覚えるためにはどうしたらいいのか、それを考えて行う必要があります。にもかかわらず、入試試験のように行ってしまうと、合格者と不合格者を振り分けるだけ、となってしまいます。どちらのシステムがいいのか、言うまでもないでしょう。私も早速取り入れて、現在においても使っているスキルとなっています。

さらに、この教室では、教科書の文言を一つ一つ音読してから学習に入っていました。「なぜ、このようなことをするのですか？」と授業後に尋ねてみると、伴先生が次のように答えてくれました。

「教室で発言をすることが当たり前になる雰囲気をつくるため」

そのためには、まず声を出す。声を出すためには、考えたことよりも、書いてあるものを読むことで慣れていく、ということでした。

私が参観したのは七月一日でしたから、四月からこの活動をやってきた子どもたちは、すでに教室内で発言するのは当たり前という状態になっていました。とても勉強になった「一人参観」でした。

読者のみなさんも、さまざまな事情を乗り越えて、開校記念日や都市制定記念日などを利用して、このような活動に取り組んでいただきたいです。もっとも、そのための情報収集が必要になりますので、普段からアンテナを張りめぐらすことを忘れないでください。

それにしても、ほかの教師の授業を見るという機会は、普段見られないものに出合えるチャンスとなります。学校が違えば、なおさらです。このような機会を利用してさまざまなネタを集めると、ご自身の教室が楽しくなるはずです。

長期休み――セミナーへの参加

よく知人から、「学校の先生って、夏休みなどは何しているの?」と聞かれます。「何しているの?」という質問の裏には、子どもと同じく休んでいるんだろう、という思いがあるはずです。残念ながら、この期間をボーっと休んでしまうと、夏休みが明けて二か月ほどすると、大変な場面に遭遇することになります。

子どもが学習に飽きてきて、言うことをきかなくなるのです。「魔の一一月」と言われるように、秋が深まってくると、退屈な授業をやっていると不満が爆発する場合と同じく、荒れる子どもが出てくるのです。こうなったときのために、夏のセミナーや研修会に参加して、備える必要があります。

私の場合、夏休みが近づいてくる六月の終わりから七月にかけて、大きなセミナーの案内に目を通しています。教員を対象にしたもので、全国の授業実践や最新の授業技術などが発表されます。また、関連書籍も多数紹介されます。

これらのセミナーに参加できる日程を確認し、参加可能と判断できればすぐに申し込みます。各セミナーでは、全国の教師が日頃の学習で使えるスキルや教材を紹介してくれるのですが、当然、参加費用もかかります。前述したように、お金がかかる分、こちらも何かを学び取ろうという意欲をもって参加しています。

よく参加しているのが、筑波大学附属小学校の公開授業です。[2] 実際に、子どもたちへの授業を講堂で公開するというものです。教師の対応、教材の出し方、板書の仕方など、とても勉強になります。夏になるとホームページに案内が出ますので、ご覧になってみてください。

また、前掲した「ＴＯＳＳ」のサマーセミナー[3]でもさまざまな授業実践が紹介されています。会場が「東京ビッグサイト」という、一〇〇〇人規模のホールで模擬授業などをするわけですから講師の先生方もとても熱心で、これまでに研究された教材などが紹介されます。参加費はちょっと高いですが、参加するだけの意味が十分あります。

そういえば、ＮＨＫが行っている「放送研修センター言葉コミュニケーションセンター」

（2）〒112-0012 東京都文京区大塚3－29－1。参加費は六〇〇〇円前後で、例年八月初旬に開催されている。連絡先：初等教育研究会事務室。TEL：03-3946-2014

（3）会場：東京ビッグサイト（〒135-0063東京都江東区有明3－11－1。例年、八月の第一週に五日間かけて行われます。費用：一万五〇〇〇円～二万円くらい。主催：特定非営利法人ＴＯＳＳ　〒142-0064 東京都品川区旗の台2－4－12 TEL：03-5702-5835。

（https://www.nhk-cti.jp/training/teacher）というものに参加したこともあります。ただ単に抑揚をつけて読むだけでは聞き手の想像力を潰してしまうことになる。小さな抑揚で読む——このようなことを学んだ記憶があります。

そのほかにも、私立小学校で行っている「図工美術教育研究新しい絵の会」[4]や「音楽之友社」という出版社が行っているセミナー[5]もあります。

後者は、毎年八月上旬に二日間で行われることが多いです。音楽之友社が選出した、「音楽の実践家」と呼ばれる全国の教師や指揮者が講師となって教えてくれます。私もこのセミナーに参加したことがありますが、ほかの都市でのやり方や私立校でのやり方など非常に参考になりました。

すぐに自分の教室で実践できるわけではありませんが、「こういうやり方もあるんだ」と知っておくと、いつか使える日が来るものです。とにかく、私の場合、先輩や同僚から聞いた、「この研修よかったよ」というものには進んで参加しました。

普段の授業は孤軍奮闘です。職員室で情報交換をするといってもやはり限界があります。ですから、夏に行われるこうした研修会やセミナーはとても貴重な情報源となります。確かにお金はかかりますが、それ以上に得るものが多いのです。

旅行を自主研修の場にする

夏休み、もちろん家族と旅行に出掛けることもあります。私の妻が島根県出身なので、毎年、帰省のために川崎から島根まで車で縦断しています。基本的には妻と交代しながら運転をしていますので、助手席に座るときがチャンスです。何か教材に使えそうなものはないか、という視点で目を光らせています。すると、面白いものがたくさん見えてきます。

（4）場所は毎年変わります。参加費用は、三〇〇〇円～六〇〇〇円です。（http://atarasiienokai21.jp）

（5）場所：日経ホール（東京メトロ大手町駅下車徒歩五分）。参加費用は九〇〇〇円で、毎年八月一〇日前後に開催されています。（https://www.ongakunotomo.co.jp/information/detail.php?id=3020）

岡山県美作市今岡にある智頭急行智頭線の「宮本武蔵駅」の前には武蔵・お通・又八の像がある　©マシキョ

中国自動車道を通って岡山県に入ったときです。大きな看板に「美作《みまさか》」という文字が書かれていました。映画や小説の主人公、剣豪宮本武蔵（一五八四？～一六四五）は美作の国の出身です。何か武蔵に関係するものがあるのかと思いながら見ていると、「新免精米所」とか「宮本鉄鋼」などという看板を見かけました。「新免《しんめん》」とは、武蔵が生まれた実家の苗字です。歴史というものが街に生きていると感じる瞬間です。

教科書で宮本武蔵のことは学ばないと思いますが、三年生を過ぎると、歴史小説や時代劇に興味をもつ子どもたちが現れるものです。もちろん、マンガから入るという子どももいるでしょう。そんな子どもたちと歴史談義をする際にこのような情報が役に立ちます。というか、尊敬されるかもしれません。

さて、島根県に入ると、「神楽《かぐら》」の文字が国道に

石見神楽（演目・恵比寿）©パティオ

いくつも見られるようになります。島根県には、出雲神楽、石見神楽、隠岐神楽を中心にして、各地域で神楽が舞われています。現在、県内に神楽の団体（「社中《しゃちゅう》」という）が二〇〇以上あるようです。

妻の実家は、島根県と広島県の県境の飯南町という所です。山の中にある集落なので、車で走っていると中国山地の高い山々が迫ってきます。霧が発生すると、まさに天孫降臨のイメージが湧いてきます。古代の人びとが、神が舞い降りてくるところを想像したのだろうと思いながら車を走らせています。すると、さまざまな所に「天孫降臨」という地名があることに気付きました。

一度、ＪＲ木次《きすき》線に乗ったことがあります。木次線とは、島根県松江市の宍道駅から広島県庄原市の備後落合駅に至る鉄道路線（ＪＲ西日本）で

木次線を走行する「奥出雲おろち号」（2022年10月「日登駅」－「下久野駅間」　©前田明彦

す。この線の各駅には愛称が付けられており、それを見たら、『古事記』に登場する単語のオンパレードです。三井野原駅には「高天原《たかまがはら》」、出雲三成駅には「大国主命《おおくにぬしのみこと》」、日登《ひのぼり》駅には「素戔嗚尊《すさのお》」、木次駅には「八岐大蛇《やまたのおろち》」などとなっていました。

『古事記』において「天上界」と言われている高天原の場所には諸説あり、島根県だけではありません。私の知っているところでは、宮崎県の高千穂にもそれが伝承されています。

実際はどこなのか、というのは学者に任せるとして、一人の教師として、その土地で何を感じ、古代人の生活風景などを楽しみながら、後世の人が地名として残していった経緯などを探りたいものです。ですから、「本当にあの高天原か」といった疑いの目で見るのではなく、何が理由でこのような地名などを付けたのかと想像しながら、私は訪れた所を見るようにしています。

ちなみにですが、伊邪那岐命《いざなぎのみこと》が奥さんの伊邪那美命《いざなみのみこと》に追いかけられて地上界に出ていったとき、ちょうど出てきた所に大岩を置き、地下世界を封じたという神話がありますが、その大岩が島根県平田市にあるのです。こういうものを見ながら、一つ一つをネタとして手帳にメモしたり、観光パンフレットなどに書き入れていきます。もちろん、研究者ではありませんから、言葉どおりのメモとなりますが、教師にとっては「生きた資料」となります。自分の足で調べ、自らの感性に基づいてつくったメモ、必ず授業に役立ちます。

防災ボランティアで熊本へ

長期休みや週末の二日間を利用して、たびたび熊本県南阿蘇まで出掛けています。二〇一六年に発生した熊本地震、それ以来、防災ボランティアに取り組んでいるのです。

地震発生当初、行政の手が回らない田舎部ではひどい被害がそのままの状態になっていました。道がヒビ割れたままで車が通れない状態になっていたり、建物が転がったままという状態だったのです。そういうところの復興支援ボランティアとして、建物の修復作業を手伝っていました。

このような作業をすると、教師をやっているだけでは絶対に体験できないことが多々あります。

修復作業のとき、職人さんとともに、コテを使って建物の基礎を削っていきました。基礎となっているコンクリートの端に、少

コテで基礎部分を削る

し飛び出て、固まってしまっている部分があるのです。それを手作業で削っていくわけです。やると分かりますが、コンクリート片が目に飛んでくるのです。これに当たらないように、顔をよけながらやらなければなりません。もちろん、かなりの時間にわたっての力作業となります。職人さんは六〇分くらいで終わるのに、私は九〇分かけても終わりませんでした。その際、「力ではなく、体重をかけて行うように」というアドバイスをもらいました。

この日は基礎工事の手伝いだけでしたが、何年か経って、でき上がった建物に泊まらせてもらいました。このときは感無量でした。

少しとはいえ、私自身が作業に加わってでき上がった建物です。復興支援の先に待っている、素晴らしいプレゼントです。

年々参加するうちに、ボランティアとしての作業内容が変わってきました。アスパラやピーマンの収穫といったお手伝いやビニールハウスの修理など、最近は農業支援が主になっています。

農業支援を行う筆者

山の中に入って、木の枝を切るという作業（剪定）を手伝ったこともあります。ここでも困ったことが二つありました。

一つは、枝にも節があって、これがなかなか切れないのです。無理にやろうとすると、ノコギリの歯がうまく入らずにケガをしてしまいそうです。こういう難儀なものはとりあえず放っておいて、ほかの切りやすい枝から落としていきました。

もう一つはスズメバチです。これが、たびたび飛んでくるのです。最初は逃げていたのですが、職人さんを見ていると淡々と作業を続けています。よく見ると、職人さんたちはハチを見ていないのです。あとで調べて分かったことですが、スズメバチの場合、見られると興奮する性質があるようです。職人さんは、その習性を知っていたのでしょう。

私も、真似をしてみました。確かに、見ないでい

枝うちをする筆者

るとそのうちいなくなります。どうしてもしつこく来てしまう場合は、見ないようにしてその場所を少し離れます。すると、スズメバチも飽きたのか、すぐにどこかへ飛んでいきました。それこそ、教科書では教えられないスズメバチの対処法が分かりました。見ないで、少し離れるのです。

このようなことも、川崎に帰ってきてから子どもたちに教えたりしています。最近では、異常気象のせいか、都心部に近いところでもスズメバチが発生したというニュースが聞かれます。命を守ることになるこのような対処法、大いに意味があります。

ボランティアをすると、普段経験できないことがたくさんあります。みなさんにも、時間の許すかぎり、参加されることをおすすめしたいです。

学童野球のコーチ

自分の子どもが野球をはじめたのをきっかけに、学童野球のコーチをやるようになりました。よって、研究会がない土日は、もっぱら地元の少年野球場に足を運んでいます。これが結構仕事につながっています。つまり、教室と同じく、考えることがたくさんあるので面白いわけです。

バッティングで、なかなか打てない子どもがいました。ボールを見ていない。ボールを見てはいるが、直前になって目を離してしまう。そもそも、ボールを怖がっているなど、さまざまなシーンが登場します。

ボールを怖がっている子どもの場合、打席に立つと逃げることをまず考えてしまいます。練習で打席に立つときには、ピッチャーの経験があるコーチが投げてくれますので、試合のときとは違って、駆け引きをしたり、打ちにくい球を投げたり、インコースにボールを投げて打者を困らせるといったことはありません（一部、レギュラーメンバーにはやることもあります）。つまり、打ちやすい球が投げられているのに、それでも怖がってしまい、ホームベースから離れて立ってしまうのです。

このような子どもに、以下のような指導をしてみました。

軽く投げたボールに、わざと体をぶつけてもらうのです。五〇センチぐらいのところから下投げをして、「これにわざと当たってごらん」と言います。さすがに、これを怖がる子どもはいません。これを一〇回ほど繰り返すと、「あ、こんなもんだったのか」と納得する子どもが多いです。

その後、打席に立つと、さっきのボールが飛んできているだけなので、恐怖感が半減してしっかりとバットが振れるのです。算数を苦手にしている子どもにかけ算九九を教えるときと非常に似ています。

一方、バッティングの際、ボールにバットがなかなか当たらないという子どもがいます。このような子どもには、野球経験のあるコーチが指導をしています。私にとっては、この指導を見るのが面白いです。なぜなら、私には小学生のときの経験しかないので、聞いているととても勉強になるのです。

まずは、「ボールから目を離さない」と指導しています。「ボールから目を離さない」とはどういうことなのか、子どもがコーチの言葉を理解しているのかなどを観察します。すると、しっかり見ているつもりなのですが、打つ瞬間には見ていないことが分かりました。

そこで、コーチの言いたいことを、もう一度しっかり伝えることにしました。

私がボールを手に持って、ゆっくりと動かしていきます。それを目で見るという練習をするのです。それから、その動きに合わせてバットをゆっくり振ってもらいます。そのときですが、よく見ていると、子どもの目がレフトやセンターの方向を見ていることが分かります。つまり、飛んでいく方向を想像して目を動かしてしまっているのです。それに気付いて、次のように指導しました。

「当たった瞬間を見るんだよ。バットにボールがコツッとぶつかるところを見てごらん」

これで、先ほどコーチが言っていた「ボールを見る」の意味が伝わったと感じました。

ただし、実際のバッティングになると、投げられた球に対して打つわけですから、コンマ何秒の世界となり、とても難しいものです。

このように「何を伝えたいのか」を意識して子どもに声かけをするという行為は仕事につながりますし、とても楽しいものです。

当初はコーチだけの役目でしたが、メンバーに誘われて、学童野球連盟の役員も引き受けることにしました。これこそ、地域ボランティアです。野球にもさまざまな取り組み方があるんだと、勉強になりました。おそらく、読者のみなさんの地域にも野球チームがあることでしょう。そのチームがどこの球場で練習して、試合はどうやって行われるのか、審判の依頼はどのようにするのかなど、これらすべて、連盟役員がボランティアで取り組んでいる場合が多いものです。

私も、子どものチームを見つつも、役員帽子をかぶっていろいろな球場を回ることがよくあります。ボランティアですから、人数が少なかったり、審判が足りなかったりとさまざまな問題がありますが、できるかぎり協力するようにしています。それによって知ることになる地域社会、小学校の教師にはとくに重要なこととなります。

さらに、審判やほかの連盟役員とともに活動する場面があります。市の大会で勝って県大会に行くという場合です。そんなときは、地元から遠い球場に行くことになりますので、交通費や弁当代というものが発生します。それらを精算して、後日渡すというのも私の役目となっています。細々とした作業となりますが、このような活動を通じて人とのつながりを大切にし、地域における協力体制の重要さを感じている次第です。

このようなことが、週末や長期休暇のときの過ごし方となります。このように書くと、結構忙しそうに思えますが、公立の小学校に勤務していると外部の人とかかわる機会が少ないので、努めて普段かかわれない人と何かを協働するようにしています。それによって仕事に役立つことが多いからです。読者のみなさんも、少し意識をして、地域社会とのかかわりについて考えていただきたいです。

小学校は社会の縮図です。社会を知るためにも、ぜひ校外活動を！

エピローグ——本書を書き終えて

振り返ると、私なんかがよく二〇年も教師をやったなーと思います。本来、深い洞察力と深い研究力、そして探究力がないと務まらない仕事だと思います。自らの足りなさに呆れつつ、さまざまな本を読んだりするほか、授業の録音を聞いて反省するといった形で教師の修行をしています。

本書を著そうと新評論の武市一幸さんに相談したとき、何とも言えぬほど、心が高揚する感覚を覚えました。武市さんが次のように言ったのです。

「ほかの仕事は、下積み時代のことがさまざまな報道や情報で知ることができるが、教師の世界だけはどうも見えない」

大学卒業と同時に教師の世界に入った私にとっては衝撃でした。私のような者でも知っています。板前になるためには、まず調理場の掃除からはじめ、次にやっと皿洗いができるのです。その後、「切る」、「煮る」、「焼く」という修行を一〇年ほど続けて、やっと「板前」と呼ばれるようになるのです。

また、大工さんになるためには、「まえがき」でも紹介したように鉋屑《かんなくず》の掃除からはじめます。サラリーマンの営業職になっても、最初からクライアントと話をさせてもらえることはありません。先輩にくっついて同行するだけなのです。こうした「下積み時代」にこそ、見えてくるものがあるのでしょう。その時期でなければ感じられないものや見え方を経験することで、本職に就いたときの対応が可能となるのです。

一方、教師はどうでしょうか。大学で教職課程をとり、教員採用試験に合格すれば、大学卒業と同時にどこかの小学校などに赴任し、「先生」と呼ばれるようになります。板前でいえば、いきなり包丁を持ってカウンターに立たされるということです。

当然、うまくいくはずがありません。調理場の掃除や皿洗いはしなくてよかったのでしょうか。私も、初任者のときに先輩に尋ねました。そのときの答えは次のようなものです。

「そのうち分かるんだよ。まだ若いんだから」

「教育には熱意が大事。子どもをどれだけ好きか」

なるほど、とも思いましたが、やはり釈然としませんでした。それはそうですよね。これらの言葉、まったくと言っていいほど具体的なことを語っていないからです。

こんな言葉ばかりをかけ続けられ、納得したような気分になって、次の日にまた失敗をしてしまうのです。そこには、自分が思い描いた、子どもたちと楽しく触れ合っている教師像というものはありません。それどころか、授業中でも、放課後にやらなければいけない書類のことや、提出しなければならない書類のことで頭がいっぱいとなります。おまけに、授業中にケンカなどがあってケガをする子どもが出れば、保護者への連絡が待っています。そして、「対応の仕方が悪い」と言われ、怒られてしまったりするのです。

放課後、教科書をじっくり見ながら教材の研究しているはずの教師、いったいどこへ行ってしまったのでしょうか。放課後、同僚や先輩に子どものことを話したり、教材について尋ねている教師はどこに行ってしまったのでしょうか。そうこうしているうちに、ストレスから心を病んでしまって休みに入ってしまう人、教職を去るという人が増え、教育現場がさらに大変な状態になっているように思えます。

「そうなってはいけない。そんな人がさらに増えると、日本の教育システムそのものが崩壊してしまう」と武市さんに言われましたが、まさに「そのとおりだ」と思いました。そんな状況のなか、私にできることとは何なのか。二〇年という教師経験のなかに、さまざまな失敗談が山のように積もっている私にできることとは何なのか……。

「その失敗談を教科書にして、どのようにして教師という仕事を楽しんできたのか、教師という仕事の下積み時代を書いてみないか」と言われたのが、本書を著すきっかけとなりました。まさに、失敗で成り立っている私にピッタリの企画だと思いました。と同時に、すでに教師になっている若い人やこれから教師という職業に就く人には、大いなるアドバイスになるのではないかとも思いました。
もちろん、現在も失敗をしていますが、新任のときの失敗ほど役立つものはありません。なぜなら、誰しもがしてしまうからです。本書で紹介した失敗談などを参考にしていただき、一日も早く、教師という職業における「板前」になって欲しいと願っています。

末筆ながら、難しい企画にご理解をくださり、文章力が未熟な私にご指導をいただき、編集作業に携わっていただいた株式会社新評論の武市一幸さんに御礼を申し上げます。また、本を書くことに協力してくださった本校の校長や同僚のみなさんにも感謝します。そして、古くからの知り合いで、カバーデザインを担当してくれた大熊一弘さんにも感謝したいです。最後に、本を著すことに理解を示してくれた妻、娘、息子にも感謝して、筆を置くことにします。

二〇二四年二月二九日　　朝日が昇る我が家にて

池畠彰之

著者紹介

池畠　彰之（いけはた・あきゆき）

1981年、川崎市生まれ。小さい頃から映画監督に憧れていたが、高校生のときに映画『学校』（山田洋次監督、1993年、松竹株式会社）を観て、教師になることを志す。

2004年４月より、川崎市で小学校教師をはじめる。数々の失敗を経験し、担任を外されたりして一度は教職が嫌になるも、現在も続けている。

教職という仕事をしながら、論語教室、復興支援ボランティア、学童野球にかかわり、人と人とのかかわりの大切さを痛感している。

現在、赴任４校目。

教師の皿洗い

――小学校教師としての生き方――

2024年４月10日　初版第１刷発行

著　者　池　畠　彰　之

発行者　武　市　一　幸

発行所　株式会社　新　評　論

〒169-0051
東京都新宿区西早稲田３-16-28
http://www.shinhyoron.co.jp

電話　03(3202)7391
FAX　03(3202)5832
振替・00160-1-113487

落丁・乱丁はお取り替えします。
定価はカバーに表示してあります。

印　刷　フォレスト
製　本　中永製本所
装　丁　大熊一弘

Printed in Japan
ISBN978-4-7948-1261-2

新評論　好評既刊　　あたらしい教育を考える本

磯村元信

さらば学力神話

ぼうず校長のシン教育改革

学び直しは、生き直し！ NHK『クローズアップ現代』などで紹介され話題、課題集中校の元名物校長が「真の学び」を熱く語る教育改革論。

四六並製　242頁　1980円　　ISBN978-4-7948-1213-1

工藤定次・工藤姫子

さらば寂しすぎる教育

福生市・タメ塾の記録

「付き合い切る」をモットーに、「落ちこぼれ」や「引きこもり」を励まし、支え続けた伝説の学習塾がいま蘇る！　感動の名著再生。

四六並製　274頁　2420円　　ISBN978-4-7948-1246-9

表示価格はすべて税込価格です。